图书馆资源建设与管理研究

项　薇　梁谷嘉◎著

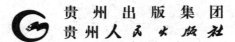

贵　州　出　版　集　团

贵州人民出版社

图书在版编目（CIP）数据

图书馆资源建设与管理研究 / 项薇 , 梁谷嘉著 . ——
贵阳 : 贵州人民出版社 , 2023.9
ISBN 978-7-221-17809-1

Ⅰ.①图… Ⅱ.①项…②梁… Ⅲ.①图书馆工作—
文献资源建设—研究②图书馆管理—研究 Ⅳ.① G253
② G251

中国国家版本馆 CIP 数据核字 (2023) 第 155583 号

TUSHUGUAN ZIYUAN JIANSHE YU GUANLI YANJIU

图书馆资源建设与管理研究

项　薇　梁谷嘉　著

出 版 人　朱文迅
策划编辑　苏　轼
责任编辑　杨进梅
装帧设计　博健文化
责任印制　廊坊市源鹏印务有限公司

出版发行　贵州出版集团　贵州人民出版社
地　　址　贵阳市观山湖区中天会展城会展东路 SOHO 公寓 A 座
印　　刷　天津旭丰源印刷有限公司
版　　次　2024 年 7 月第 1 版
印　　次　2024 年 7 月第 1 次
开　　本　787mm×1092mm　1/16
印　　张　11
字　　数　230 千字
书　　号　ISBN 978-7-221-17809-1
定　　价　68.00 元

前　言

近年来，网络环境和信息环境的变化极大地改变了以图书馆为代表的文献服务机构，特别是改变了这些机构的收集和管理信息、组织和提供服务的方式和手段。在新时代背景下，随着远程通信成本的降低，软件工具变得日益精密和易于使用，知识量的大幅度增加，用户的需求呈爆炸式增长，图书馆应该根据信息资源的特点，广泛征集，合理布局，建设一个属于自己的有特色、能持续、系统性、可共享的丰富、开放的资源系统。

本书立足于图书馆建设与管理，从图书馆基础资源建设——藏书建设入手，介绍了藏书建设工作、图书采访与图书采集、图书分类与文献主题标引以及图书著录内容及方法等方面内容，接着对图书馆信息资源建设、图书馆特色资源建设做了分析，并将现代管理中的人力资源管理、财力资源管理、知识管理、危机管理、服务管理和全面质量管理等理论与方法纳入图书馆管理的内容。

本书结构合理，条理清晰，内容丰富新颖，力求体现实践性、适用性，是一本既有理论价值探讨，又有实践路径指引的著作。

本书是笔者面向图书馆工作实际，查阅和参考了大量的图书馆学专业、信息专业和相关专业的文献和研究成果书写而成，在此，对相关作者表示诚挚的谢意。当然，由于笔者的学识和经验有限，书中难免会有疏漏和不足之处，恳请各位专家学者与广大读者批评指正。

笔者

2023 年 4 月

目录

第一章　图书馆基础资源建设——藏书建设

第一节　藏书建设工作概述

藏书建设是由藏书规划、选择、收集、整序、组织、管理等环节构成的系统工程，是馆藏文献资源体系的形成、发展的全过程。藏书建设工作是文献资源开发利用的基础和前提，没有对文献资源的建设，就谈不上开发和利用。藏书的数量和质量、藏书的组织和管理水平直接反映图书馆藏书建设质量。因此，藏书建设工作在图书馆各项工作中历来具有重要的地位。

一、馆藏文献资源体系

馆藏文献资源体系是整个社会文献资源的重要组成部分，是图书馆按照本馆的性质、任务和读者对象的需求，从庞大的文献群中选择、收集起来，并经过了一系列的科学组织与管理而形成的一个规模化、有序化、加工化的文献体系。

所谓"规模化"，是指馆藏文献资源具有一定的规模和结构。文献资源是人们迄今为止收集、积累、存储下来的文献资料的总和，馆藏文献收藏越完备，被综合开发利用的机会越多，可能产生的新价值就越大。馆藏文献资源建设就是依据图书情报机构的服务任务与服务对象及整个社会的文献情报需求，系统地规划、选择、收集、组织管理文献资源，建立具有特定功能的藏书体系的全过程。每一个图书馆都依照一定的范围、重点，收藏一定数量和质量的各类型的文献，形成一个相对独立的具有一定结构和规模的馆藏体系。从馆藏文献的规模看，一般将藏书5万册以下的图书馆称为图书室，藏书5万册至20万册的图书馆称为小型馆，藏书20万册至50万册的图书馆称为中型馆，藏书50万册至100万册的图书馆称为大型馆，藏书100万册至500万册的图书馆称为超大型馆，藏书500万册以上的图书馆称为特大型馆。不同规模的图书馆在藏书结构与藏书布局、藏书的组织与管理方法、读者类型与满足读者需求的能力等方面都各具特色。

所谓"有序化"，是指馆藏文献资源的组织是有序的。馆藏文献资源是按照一定的科学方法和技术组织起来的一个有序化的文献集合，是为公众服务的。为了便于对大量文献的组织、保管、检索、利用，图书馆不但需要按一定的体系布局排列文献并精心保管，而且需要对馆藏文献资源进行分类、著录，建立文献检索系统。

所谓"加工化"，是指馆藏文献资源是经过加工的。文献积聚着人类优秀的精神文化成果，馆藏文献资源是供给广大读者使用的公共资源。为了让尽可能更多更广的读者能够方便地使用馆藏文献资源，图书馆应不断加强文献资源的组织和管理，改进服务手段，完善服务设施。例如，图书进入图书馆后需要进行一系列的加工处理，如：加盖馆藏章、打印财产登记号、分类、编目、粘贴条码号和索书号等。通过图书馆员的追加劳动，馆藏文献直接或间接地转化为新的物质财富和精神财富，从而产生巨大的社会效益和经济效益。

二、藏书建设研究的内容

（一）藏书体系规划

藏书体系规划是对一段时期内图书馆藏书建设的目标、任务，以及为实现这些目标、任务所需的方法、步骤的安排和规定，是建立藏书体系的蓝图和依据，对藏书建设具有指导性作用。藏书体系规划包括宏观规划和微观规划两个方面。

宏观规划，就是从一个系统、一个地区，乃至全国的整体出发，对文献资源建设进行统筹规划，合理布局，制订各图书情报单位之间在文献收集、存储和利用方面的协调规划，从而形成相互依存、相互联系的整体化、综合化的文献资源体系。宏观规划又分为总体规划和长期规划。总体规划，指一个图书馆对本馆文献资源建设的总方向、指导思想、最终目标等所做的构想与规定，解决文献资源建设中根本性、全局性和长远性的大问题。长期规划，通常有三年规划、五年规划等，主要用于确定规划期内文献资源建设的发展目标、任务及实现的途径和结果。

微观规划，就是每一个具体的图书情报单位，根据本馆的性质、任务和读者对象的需要，确定藏书建设的原则、收藏范围、收藏重点和采购标准，提出本馆藏书构成的基本模式，制订藏书补充计划，安排入藏数量、比例、层次级别，形成有内在联系和特定功能的文献资源结构，建立有重点、有特色的专门化的藏书体系。微观规划在时间上表现为短期规划，如年度计划、季度计划等，是文献资源建设的具体实施计划。藏书发展规划的确定要考虑图书馆的类型、方针任务、读者对象、出版情况、原有藏书基础、经费设备条件及本地区藏书的分布状况等诸多因素。

由于现代文献的种类繁多，各类文献之间的内容交叉、重复，为了节约有限的文献购置经费，采访工作须运用藏书结构的理论与方法，确定不同学科、不同类型、不同水平的书刊资料在藏书体系中所占的比例，合理配置文献资源，充分发挥馆藏文献的整体功能。制订藏书体系规划需要考虑的内容包括：确定哪些学科或专题作为收藏的对象，确定馆藏图书的收藏级别（如：甲级为完整的藏书，乙级为研究水平，丙级为大学水平，丁级为基础水平，戊级为备用藏书），确定不同文种的比例，确定藏书补充的时间范畴，确定藏书补充的文献类型。一般来讲，文献采访的范围确定时需要考虑上述五个方面的内容，并且需要用书面的方式写出来，以保证此项工作的稳定性，不致造成日后无章可循或者因人而异。

（二）图书采访工作

图书采访，是根据已经确定的藏书建设规划，利用各种途径有计划地选择与收集文献，以建立并充实馆藏的过程。图书采访是藏书建设的一项基础性工作，一般包括图书选择和图书采购两个环节。图书选择就是按照图书馆发展要求和用户需求，从大量的出版物中选择图书馆需要收集的图书的过程。图书收集就是按照一定的技术规则和程序采购各种出版物的过程。图书的选择与收集，是图书馆文献资源体系的生命力之所在。

（三）图书分类工作

图书分类，就是以图书分类法为工具，根据图书所反映的学科知识内容与其他显著属性特征，给图书赋予分类号的过程。图书分类的作用体现在两个方面：一是按学科知识的体系组织分类排架，将大量的图书组织得井然有序；二是建立分类检索系统，分类检索具有鸟瞰全局、触类旁通的检索效果，可以满足人们按学科门类进行"族性检索"的需要。经过图书分类，图书馆就能按图书的内容特征进行科学组织和管理，数十万、数百万，甚至数千万的藏书便组成一个分门别类、排列有序的藏书体系。图书馆在对图书进行分类标引的同时，一般还要进行主题标引。所谓主题标引，就是以主题词表为工具，用具体事物、对象和问题的主题名称来表示文献的知识内容的过程。主题标引的结果为一个或多个主题词，按主题词字顺把同一主题的文献加以集中，可以适应人们对事物对象与问题进行"特性检索"的需要。

（四）图书著录工作

图书著录，又称图书编目，是指按照某一事先选用的国家拟定的或者本单位自行拟定的著录规则（如："普通图书著录规则""电子出版物著录规则""中文图书编目条例"等），依据一定的标准或者交换格式对揭示图书形式特征和内容特征的规定信息源进行记录的过程。图书著录的目的是建立功能完善的馆藏目录体系，一方面有利于图书馆文献的组织和管理，另一方面有利于读者对海量馆藏文献的利用。由于馆藏文献是按单线排列的，而且处于流动之中，利用馆藏目录，可以更加全面系统、广泛深入地揭示馆藏文献资源体系。

（五）图书典藏工作

图书典藏的任务是合理地安排藏书布局，完整地保存藏书，根据读者需要及时调整藏书分布，保持藏书处于最佳流动状态。图书典藏通过藏书利用中的效果、统计、评价等信息反馈，控制藏书，调节藏书，影响藏书选择、收集与组织，保证藏书体系与图书馆任务和读者需求相符合。

总之，藏书体系规划、图书采访、图书分类、图书著录及图书典藏构成了藏书建设的基本内容，它们相互联系、相辅相成，共同构成了一个有机的整体，忽视或削弱其中任何一个方面都是不可取的。因此，加强对藏书建设各个环节的基本理论和基本方法的学习与研究，制定藏书建设工作的规范化模式，对图书馆发展具有重要意义。

三、藏书建设的基本原则

藏书建设的原则是图书馆在进行藏书建设过程中必须遵循的准则。只有正确地和自觉地遵循和贯彻图书馆藏书建设的原则，才能有效地建立具有较高质量和一定数量的藏书体系。在藏书建设过程中，要建立起科学合理的文献资源体系，必须坚持实用性和标准化两大基本原则。

（一）实用性原则

实用性原则，是指从图书馆实际需要出发进行藏书建设。最大限度地满足读者的文献需求是图书馆服务的根本宗旨，因此从文献的选择采购到组织管理必须坚持实用性原则。实用性原则主要体现在图书馆应根据本馆的社会职能、服务对象和服务任务，确定本馆文献收藏的范围、重点、特色、结构，选择文献采访、组织、管理的形式和方法。从图书采访角度看，国家图书馆的主要任务是为中央和全国的政治、经济、科学和文化服务，要全面收集、保存各学科有价值的国内文献，有重点、有选择地采集国外文献，收藏文献的类型、类别、文种等方面做到广度与深度的结合、重点与全面的结合；各级公共图书馆是为地方经济、文化、科学发展服务的，全面入藏综合性、通用性的文献、资料，系统收藏具有地方特点的文献；高等学校图书馆的主要任务是为教学和科学研究服务，要系统收集有关专业的教材和教学参考书，重点入藏与学校科研任务有关的文献资料，广泛而有选择地入藏各种课外读物；科学专业图书馆的主要任务是为科学研究服务，要紧密结合本系统、本单位的研究方向和研究任务，完整、系统地收集本专业的国内外文献，有重点地收集相关学科的文献，有选择地收集其他学科的文献。

从图书的组织与管理角度看，图书的分类、编目、排架等工作的组织和开展必须坚持实用性原则，即一切为了读者。例如，图书分类排架的最终目的是用户检索，因此，在图书分类排架时要考虑馆藏结构特点和用户检索习惯，合理确定排架类目级别。分类级别太粗，大量的同类文献聚集在一起，用户查找困难，就失去了分类排架的意义。相反，类目级别太细，则会大大增加馆员的图书排架的工作量。因此，文献资源建设应坚持一切从实际出发，具体问题具体分析。

（二）标准化原则

标准化原则体现为文献采访、分类与主题标引、编目、典藏等各个操作环节的标准化、规范化。现代信息技术的迅速发展和普遍应用，极大地改变了图书馆藏书建设的工作模式，推动着文献资源建设走共建共享的发展道路。1999年，国家图书馆主办了全国文献信息资源共建共享协调会议，会上来自全国的124家图书情报单位共同签署了《全国文献信息资源共建共享倡议书》和《全国图书馆馆际互借公约》，提出建立各具特色的馆藏体系，实行分工购藏；协调外文书刊文献的订购；实施全国网上联合编目；合作开发数字化资源；充分利用网络开展服务；加强并完善馆际互借；扩大业务交流和培训等七个方面的共建共享内容。这不仅要求图书馆在文献资源采购方面保持协调统一，还要求文献资源各个加工环节实现标准化、规范化的组织与管理。例如，网络文献采访的兴起突破了时间和空间的限制，使大范围的联合采购成为可能；图书馆自动化系统的发展和对标准化机读目录格式的支持，推动了联合编目和集中编目的发展，很多中小型图书馆的文献编目工作已经转向从大型编目中心直接套录数据，既提高了工作效率，又保证了编目质量；数字图书馆的发展，加快了检索速度，扩大了文献资源的检索范围，使跨馆、跨部门、跨系统、跨地区、跨国界的文献检索成为可能。总之，图书馆事业整体化、自动化的发展趋势，对文献资源建设的标准化提出了更高的要求。

第二节　图书采访与图书采集

一、图书采访

（一）图书采访的含义

关于图书采访的定义，《中国大百科全书》指出："图书馆及其他文献情报机构根据各自的目标和读者需要，选择文献并通过购买等多种方式获取文献，以积累和补充馆藏的工作。"从定义可以看出，广义的图书采访包括各种类型文献的采访工作，如：图书的采访、期刊的采访、电子出版物的采访、大型文献数据库的采访等，而狭义的图书采访专指图书的采访工作。

（二）图书采访的内容

图书采访工作包括制订藏书发展规划、图书选择、图书采集、统计分析、需求调查、馆际协调等内容。各项内容相互关联、相辅相成，忽视或削弱其中的任何一个方面，都会直接影响文献采访的质量。

1. 制订藏书发展规划

制订藏书发展计划，既要根据本馆的性质、任务、读者对象、发展方向和地方特点，同时，还要根据上级部门所拨年购书经费指标的实际情况和本馆设备的承受能力，确定切实可行的藏书建设原则、收藏范围、收藏重点、采购标准，根据需要与可能，制订当前和长远的藏书建设计划。例如，数字型图书以其内容广泛、发行迅速、检索准确等优势越来越受到读者的欢迎，图书馆应加大对电子图书的采购，特别是一些大型数字图书数据库，如：超星、书生、方正等。但是，在未来很长一段时间，印刷型文献仍然是图书馆藏书资源建设的重点。在采购时应考虑数字图书与印刷型图书之间的关系是互为补充、相互依存，让读者真正做到各取所需。

2. 图书选择

图书采访工作包括图书选择和图书采集两个环节。图书选择主要指选书工作，指遵循一定的方针、原则，挑选适合需要的图书。选书是对出版物的知识内容和情报价值的选择，具有很强的知识性和学术性，挑选的结果将对藏书质量起决定性作用。所以，选书人员应具有较高的理论水平、较广泛的知识结构并熟悉读者要求与藏书情况。

3. 图书采集

图书采集即购书工作，指采用一定方式和途径收集图书，指按照一定的程序和技术规则采购出版物，并要主动地寻找书源，采用多种方式方法，打通各种渠道，利用各种途径，保证收集那些已经选定的图书并收集各种出版线索，为选书人员扩大选书范围。购书是一项执行性活动，具有较强的技术性和实践性，要求购书人员具有一定的知识水平，有敏捷的头脑、健壮的体魄及较强的社会活动能力（关于图书采集的详细内容见下一小节）。

4. 藏书统计

藏书统计是图书采访工作的重要一环，采访人员应做好各种统计分析工作。例如，采访的原始目录征订单等需要存档，对预订和入藏图书种类、册数、资金应定期进行统计，对各类图书比例进行统计分析，对各专业系列投入的资金及图书量进行统计分析。通过建立多种统计分析模型，可以得出一套翔实的分析报表，检查本年度资金投入有无失误，同时也为编制下年度预算提供必要依据。又如，通过分析借阅量与资金之间的关系，可以提高或减少某些图书的采访数量，使资金的流向真正趋向合理，发挥有限经费的最大效益。

5. 读者需求采集

一个优秀的馆藏结构往往不是依靠少数人精心设计就能实现的，在当前文献购置经费普遍紧张的情况下，深入细致地开展读者文献需求调查，一方面可以提高文献采购的目的性和针对性，另一方面可以针对具体需求开展个性化咨询服务。对于高校图书馆来说，专家和读者的意见在图书采购工作中有着重要的地位，许多图书馆都设有图书馆情报委员会或情报教授负责参与图书馆的信息资源建设，专家选书已形成一个制度。这些专家一般都是某一学科的专才，他们的意见对图书馆信息资源建设的针对性、系统性、准确性具有深远的意义。

高校图书馆比较常用的需求信息采集方式有走访调查、问卷调查、读者需求申请表调查等。在传统问卷调查或走访调查中，需要投入大量的时间和精力，而且调查内容少，调查结果统计分析烦琐。由于调查过程中，读者没有充分了解馆藏文献，也不知道最近出版信息，加上没有掌握文献需求表述方法与技巧，所以读者对文献需求描述存在很大程度上的模糊性，致使调查结果缺乏具体性、实用性。随着校园网的应用日益普遍，利用校园网来采集读者文献需求信息不仅省时省力，而且还可以利用网页提供大量的文献信息，提高需求采集的准确性，已成为读者需求调查的重要途径。目前，已有一些图书荐购系统通过发布出版信息，实现了读者网上图书选择、推荐。但遗憾的是，由于没有建立完善的读者需求分类组织体系，采集的读者需求信息是零散的，不系统、不全面，难以用来进行读者需求的系统分析。目前，一些重点大学为加强与各院系的联系，充分了解读者文献需求，建立了学科馆员制度，由学科馆员负责某一学科的需求调查与馆藏建设。

6. 馆际协调

馆际协调就是加强与本地区、本系统其他图书馆的互相协作，切实搞好馆际间藏书协调工作。这样，每所图书馆根据其馆藏的重点，分别采集图书以避免重复，节约购书经费，进而达到资源共享的目的。

（三）图书采访的原则

1. 思想性原则

思想性原则就是要考虑图书的政治意义和科学价值及在现代化建设中的作用，就是看是不是有利于社会主义和有利于发展生产力。关于马克思、恩格斯、列宁、斯大林的著作，毛泽东的著作，党和国家领导人的著作，要进行必要的收藏和补充；党和政府的方针、政策、法令等指导性文件和论述性文章，是社会主义物质文明和精神文明建设的指导性文献，是不可缺少的；对不同学术观点的古今中外著作，要有选择地收藏，以便供各种学术观点的读者参考使用；对反面的材料，也可有选择地收藏一些。总之，要注意收集各个学科中的不同学派、不同风格和不同观点的著作，做到兼收并蓄，不能有所偏废。

2. 目的性原则

图书馆有各种不同的类型，由于它们各自的性质任务不同，服务对象不同，地方特点各异，因而收藏图书的范围和重点也就不同。例如，科学研究性图书馆主要收藏的是研究性、情报性和资料性的文献资料，大众性图书馆主要收藏综合性、现实性、推荐性、通俗性的国内公开出版物。从图书馆的方针任务来讲，由于分工不同，所收藏的学科和范围也不同。另外，还要考虑图书馆的读者对象，不同的读者对象有不同的需要。高校图书馆服务对象基本上是教师、学生，其文化程度高、阅读能力强，因此，藏书重点是结合学科专业需要的比较专深的图书。最后，还要考虑地方特点，即按照图书馆所在地区的特殊需要来进行图书采访，选择能反映本地区的地方文献和地方所需专业图书。

3. 系统性原则

所谓系统性原则，就是要求图书馆藏书有一定的特色，完整、全面、配套，形成一定的体系。系统性原则是指要从图书体系观点出发，合理确定各个学科之间、各种文献类型之间的结构和比例，处理好文献资源与读者需求系统、文献出版发行系统之间的各种关系。系统性原则体现在重点馆藏的完整性，即以重要学科为中心的一些重要文献资料和特藏书刊要完整系统地入藏。从纵向系统看，要在内容上保持这些学科内在的历史延续性和完整性；从横向系统看，要广泛收集这些学科的各个学派有代表性的专著及有关评选、重要期刊、主要相关期刊及其他类型文献资料。对已确定入藏的与生产、科研、教学直接有关的多卷书、丛书、连续出版物及重要工具书，要完整无缺，成龙配套，不能随意中断。既要注意各学科、各类型藏书之间保持合理的比例，还要注意各学科间相互渗透、边缘交错的内在联系，广泛而有选择地入藏相关学科、边缘学科及供一般读者学习和阅读的基础书刊。总之，图书馆要突出重点藏书、重视一般藏书，建立一个有专有博、有主有从的文献资源系统。

4. 特色化原则

在社会文献数量急剧增长的今天，任何图书馆都不可离开现实需要和可能的条件，去追求藏书的完整、系统。这就要求每个图书馆对入藏文献的主题必须有所限制，使馆藏文献具有本馆的特色。藏书特色化意味着依据图书馆的类型、任务，本地区或本单位的特点、读者对象及其需求特点、本地区文献资源分布状况等，而对文献收集采取有区别的态度，从而有助于图书馆完成其所担负的社会服务任务，使图书馆藏书的内容与结构最大限度地接近本馆读者的真正需求。

5. 发展与剔除原则

图书馆需要经常进行发展与剔除工作，这是因为藏书有一个新陈代谢的问题。发展是指新书的增长，剔除是指滞书的代谢。由于国家政治生活、经济建设发生变化，现代科学技术的迅速发展和图书资料急剧增加及文献资料老化加速等，要提高藏书质量，必须不断地对藏书进行剔除，对那些陈旧过时、没有参考价值的图书进行剔除工作。新书的增长与滞书的剔除是图书馆藏书发展过程中相互联系的两个方面。只有不断发展新书，藏书才具有生命力；只有不断剔除滞书，藏书才能健康发展，有效地提供给读者使用，发挥其应有的作用。

6. 分工协调原则

分工协调原则就是各级各类图书馆从整体出发，在统筹规划和各馆协商的基础上，对文献的收集、贮存实行分工合作，建立文献资源的保障体系。馆藏文献资源的储备量并不简单地等于各图书馆情报单位收藏的文献数量之和，内容相同文献的重复积累并不能增加总的情报量，而分散、自发、自给自足式的文献积累，更无法形成优化的文献资源体系，只能加速文献分布的无序状态，给用户带来使用上的不便。由于每个图书馆的购书经费有限，不可能将所有的文献资料收集齐全，也不可能完全靠自己的藏书满足读者的所有需要。另外，为了避免各图书馆藏书不必要的重复，并以最小的花费获取充分的文献资源，各馆都将本馆藏书纳入整体文献资源系统，通过制定藏书分工入藏的方针，规定各馆藏书补充的责任与范围，使不同学科、不同主题或不同类型的文献由不同图书馆分担收藏，某些罕用而昂贵的文献合作采购，通过馆际互借实现资源共享。要实现分工协调，必须从组织上和方法上采取必要的措施，馆与馆之间在文献采访中既要有明确的分工，又要有紧密的协作，克服各自为政、贪多求全的思想，逐步形成各地区、各系统的藏书体系，促进图书馆事业的发展。

7. 经济性原则

经济性原则就是节约原则。勤俭办一切事业，是社会主义建设的基本原则之一，也是在文献采访中必须坚持的原则之一。要贯彻这个原则，就要反对"大而全""小而求"的思想。要合理地使用经费，不该买的书买了是有形的浪费，该买的不买是无形的浪费。要将需要与可能结合起来，力求以有限的经费发挥其最大的效用。在文献采访中要注意品种，减少复本，各类图书要注意适当的比例，对高价书刊要慎重选购。为保证经济性原则的实施，要制定相应的制度，采取一系列有效措施。

二、图书采集

图书采集是一项长期的、连续性的、技术性很强的工作，采访人员必须遵循一定的操作流程和技术规范，主动寻找图书发行信息，通过多种渠道、多种途径采集图书，以保证藏书体系的系统性和全面性。

（一）图书采集的方式

常见的图书采集方式有购买和非购买两种。购买方式包括预订、直接选购、委托代购、邮购和复制五种，非购买方式包括呈缴、调拨、征集、交换和赠送五种。

1. 购买方式

（1）书目预订。书目预订是图书馆预先收集、选择、填写出版发行单位的征订目录，按预约计划订购出版物，是图书馆有计划的补充藏书最经常、最可靠的方法。图书馆的采访工作方式有很多，由于中小型专业图书馆订书量有限，专业性又强，一般很少参加全国性的图书展销订货会，也很少从出版社直接购书，所以《新华书目报》自从问世起，就受到了广大图书馆工作人员的欢迎，大多数图书馆至今仍采用这种传统的订阅方式。

（2）直接选购。直接选购就是图书馆采购人员直接到出版物销售处现场选购书刊。直接选购的优点是能直接鉴别图书的内容，简便迅速，避免预订中的一些麻烦手续。这种方法还能获得预订所得不到的书刊，如：有些发行量小、内部发行的图书，古旧图书，地方出版物等均不预订。有些漏订的图书，预订不足的书及需要临时补配的书都需要通过到书店、书市、出版社及有关单位直接选购解决。其缺点是不能使用馆藏目录，容易出现重购，这就需要有相应的查重方法。

（3）委托代购。委托代购是指图书馆采购人员委托他人在外地选购所需要的书刊资料。委托代购有两种形式：一种是临时性代购，就是委托本单位非购书人员带上书目到外地、外单位选购书刊，还可委托出国人员或外文书店采购人员代购国外有关外文书刊资料；另一种是长期性相互代购，即委托外地兄弟图书馆采购人员按一定书目范围与数量代购当地出版物，并为兄弟馆代购本地出版物。

（4）邮购。邮购又称函购，就是图书馆采访部门直接与外地新华书店邮购部、出版社自办发行部、有关单位图书经销部挂钩，按照开列书目或范围数量要求，采用邮寄托运的方法，补充外地、外单位的书刊资料。邮购是预订和直接选购的辅助性方法，优点是直接获得出版物，缺点是增加邮费、书价提高且有丢失现象。

（5）复制。复制即采用多种复制方法，补充罕缺书刊复制品，代替原版书刊供读者使用。复制方法包括抄录、静电复印、照相复制、缩微复制和录音复制等。凡馆藏缺乏，经过预订、选购、邮购都无法获得的急需书刊资料，包括绝版书、孤本、善本书、外文原版书、缺漏的报刊、其他连续出版物及重要的内部资料等都可以通过以上方式委托兄弟单位代办复制，或通过馆际互借方式由本馆自行复制。复制是获得珍贵书刊和罕见紧缺资料的好形式。

2. 非购买方式

（1）呈缴。呈缴是正式出版物法定缴送制度。根据出版法规定，凡正式出版社出版的任何一种新出版物，均应向国家或政府指定的图书馆等单位缴送一定数量的样本。这种法定缴送的书，称为呈缴本。在国际图书馆界，书刊呈缴法有多种目的和作用：一是保护作者著作权制度，二是保持出版物检查制度，三是保障国家出版物存储制度，四是保证编制国家出版物书目通报制度。

（2）调拨。接收调拨是无偿获得大批藏书，迅速增加藏书量的途径，尤其是新建馆和基础薄弱图书馆补充大宗藏书的有效方法。调拨单位与调拨性质有三种类型：第一种，变动撤销单位或无保存藏书任务的单位将所收集积累的藏书移交给有关图书馆保存利用；第二种，基础雄厚的图书馆将部分藏书支援给基础薄弱或新建的图书馆；第三种，有大批多余复本和积压品种藏书的图书馆将部分有价值的藏书调节调拨给缺藏的图书馆，以充分发挥藏书作用。

（3）征集。征集主要是指对非正式出版单位出版的内部书刊资料，采用主动发函或上门访求的方法，有针对性地进行征集；也可以采取报刊广告或征书启事的办法征集有关书刊。征集的对象主要是政府机关、学术团体、厂矿企业、学校、科研单位、商业部门等非正式出版单位。征集的内容主要是上述单位出版编印的内部资料、学术论文、科研成果、实验总结及产品样本、目录、价格表等书刊资料。

（4）交换。交换是指两个以上图书馆之间及图书馆与其他文献情报单位之间直接开展交换，达到互通有无、调剂余缺、丰富馆藏的目的。交换方法是获得内部书刊、难得资料的主要来源之一，分为国内交换和国际交换两种方式。

（5）赠送。接受个人或团体赠送也是获得珍贵书刊、丰富馆藏的重要来源之一。赠送又称捐赠，大致有四种类型：一是革命家、作家、学者、知名人士及藏书家在他们晚年或去世后，将其著述和稀世珍藏赠送给有关图书馆；二是国外一些知名人士和社会团体常常向我国有关图书馆赠送大批珍贵图书文献资料；三是出版者主动将出版物捐赠给图书馆，以扩大和推广该出版物的宣传和流通；四是图书的作者在著书过程中，得到图书馆的帮助，或作者与图书馆有着较密切的关系，在图书出版后，主动捐赠给图书馆以表谢意及纪念。

（二）图书采集的流程

一般来讲，文献采访的工作流程可分为选书阶段、订购阶段和验收阶段。

1. 选书阶段

选书阶段是文献采访的一个重要阶段，选书阶段首先要广泛收集各种书刊征订目录，其次是根据图书馆采访方针圈选图书。圈选图书可以由采访人员自己圈选，也可送交有关专家或读者圈选。这就要求采访人员到读者工作的第一线去调研，到外借处、阅览室、目录室、咨询室接触读者和工作人员，征求他们对文献采访的意见和建议。

2. 订购阶段

在图书订购阶段，采访人员应先对所选图书进行查重，然后确定复本量，最后填写并邮寄订单。

（1）查重。所谓查重就是检索核对这些圈选的图书以前本馆是否订过，以避免不必要的重复。在手工操作阶段，主要是按书名进行查重，查重的工具主要是公务书名目录和采访部门的图书目录。在自动化管理阶段，查重工作由自动化系统中的自动查重功能来完成，而且查重的途径包括题名、著者、ISBN号等，查重速度快、精度高。

（2）确定复本量。对于经过初选的图书，采购人员还必须进行综合平衡以确定合理的复本数。要准确制定具体图书的复本数量，采访人员必须掌握各类藏书的流通与滞架情况、读者的使用与需求信息、藏书的使用效果反映、各类书刊复本标准及经费分配比例，到各种书库调查各类书刊的流通率和滞架数量材料，并对各种统计材料进行认真的综合分析、研究判断，验证和修订补充计划、复本标准，以便合理地确定具体书刊的品种与复本量，合理地分配经费比例，使购书经费得到合理使用。

（3）填写订单，领导审核。确定好需要采购的图书及其复本量后，采访人员就可以填写图书订单了。在自动化管理系统中，一般系统会自动生成图书订单。图书订单要送交图书馆有关领导审核，办理审批手续。

（4）寄发订单。向图书发行商寄发订单通常采用信件方式和电子邮件方式。信件方式中，订单格式一般为图书订购表格形式。电子邮件方式中，有订购表格方式和机读目录格式两种。随着出版商服务的不断深化，机读目录格式订单使用越来越普遍，联机订购也已经取得了很大发展。例如，儒林图书公司提供了在线图书订购服务。

3. 验收阶段

预订的图书到馆之后，要及时进行验收。验收工作的程序可分为四步：

（1）核对订单。预订的图书到馆后，采访人员需要拆包验收。图书验收时，应对照订单核对图书的种数、册数、单价及总金额，检查到馆图书是否与预订品种、册数完全相符，是否有多发、少发、漏发、错发等现象。如果发现问题，应及时向发书单位反映并纠正差错。

（2）新书登记。新书核对无误后，进行新书登记，将新书、新刊登录到图书管理系统中。

（3）图书加工。完成新书刊的初步加工工作，如：粘贴财产号条码、打印财产号、提取图书样本并标注册数等。在中小型图书馆，一般没有专门的图书典藏部门，在图书加工过程中还要在书中夹上每种书分配到各个具体部门的数量、加盖馆藏章。

（4）结账。图书验收完毕，采访人员要及时整理发票和图书清单，办理结账手续。

第三节　图书分类与文献主题标引

一、图书分类

（一）图书分类法

图书分类法是图书馆分类人员分类图书、组织图书的一种工具。这种工具是由许多大小不同的类目，根据它们不同的属性，按照一定的原则组织起来的一种科学的展开系统。这个科学的展开系统可以容纳一切图书，任何一本书都应该在其中有类可归。

1. 图书分类法的体系结构

在分类法体系结构中，实际用来分书的是主表和附表，现将主表和附表分别介绍如下：

（1）主表。主表是整个分类法的主体，是分类人员分类图书的主要依据，是图书分类体系的具体体现。它是一个将许多大小不同的类目，按照一定的原则排列成的有层次的展开系统。一般由基本部类表、基本大类表、简表和详表逐级展开而成。

基本部类表又称为基本序列，是类目最概括的区分。基本部类的确定是以知识体系为依据的。在我国现行分类法中，通常分为："马克思主义、列宁主义、毛泽东思想"、"哲学"、"社会科学"、"自然科学"和"综合性图书"五大部类。基本大类表又称为大纲，它是在社会科学和自然科学的基础上，进一步展开而成的许多门类或类组，并由这些门类或类组和其他几个基本部类共同构成的第一级类目。基本大类是依据科学的发展和图书出版情况而设置的，每个大类都应有它的独立性和完整性。我国现行分类法的大类设置，一般在20个左右。

简表是分类法的骨架,一般列到三级类目左右。它是由基本大类再进一步区分而成的,起着承上启下的作用。通过它可以进一步寻找详表类目,同时也可供简略分类使用。

详表是分类法全部类目的列举,是分类图书的主要依据。详表是由简表继续逐级展开形成的。在这个展开系统中,类目之间的关系主要体现在以下几个方面:从属关系、并列关系、交叉关系。

从属关系主要表现在类目的上位类和下位类的关系上。上位类是被区分的那个类,下位类是由上位类区分出来的类。上位类和下位类之间的关系是共性和个性的关系。上位类就其区分出来的下位类来说是共性类目,它具有下位类的共同属性。上位类和下位类之间是互相依存的,没有上位类也就没有下位类;反之,没有下位类,上位类也就不存在了。这种关系反映在分书上,就是凡能分入下位类的图书,必定能够分入它的上位类。

并列关系主要表现在由一个上位类划分出来的各个同位类(由一个上位类直接划分出来的各个平级的下位类称为同位类)之间的关系上。这些同位类,既有相同的属性,又有特有的属性重复它们各自具有不同于其他类的质。这种关系体现在分书上,凡能分入某个类的书,必定不能分入这个类的同位类,但都能分入其共同的上位类。

交叉关系由于客观事物是相互联系的,科学各部门之间,也存在着错综复杂的关系。图书的内容和编制方式也是复杂多样的,但图书分类表的类目却是按单线排列的。《中国图书馆分类法》(以下简称《中图法》)采用了"交替"和"参见"等办法。交替类目又称选择类目,是供使用单位选择使用的。比如,在"经济"类和"农业科学"类中都设有"农业经济"类目。一般情况下,是把农业经济的书分入"经济"类,故将交替类目"S-9农业经济"设在"农业科学"类里。但在农业科学院图书馆,则需要将农业经济的书,集中于农业类下。分书时,可取消交替符号,将书集中于"S-9农业经济"类下。参照类目,又称相关类目,是表示两类或几类之间的相互关系的。如:"水利工程"的"TV2211地形工程测量"与"天文学、地球科学"类的"P27地形测绘"和地形图关系密切,这种情况下,《中图法》采用一个类目参见另一个类目的方法,将它们联系起来。馆员分书时,可以根据一书的重点内容和本馆的具体需要归类。必要时,可做一张参照片在相关类目中同时给予反映。这样的处理办法,就弥补了分类法单线排列的不足,基本上指示出复杂类目的交叉关系,反映出各类目之间的逻辑联系。

(2)附表。附表又叫辅助表或复分表。这是因为在编制主表时,常常需要用同一标准对不同的类进行划分,从而得出一些基本相同的下位类,如:各国政治、各国军事、各国法律、各国外交、各国经济等。这些类按国家这个标准划分时,就可以得出"朝鲜的""日本的""美国的"等下位类。为了节省篇幅,求得一致,便于助记,编制分类法时把详表中这些共同性的东西抽出来,另外编成一个表,附在详表的后面,这就是"世界地区表"。其他附表的编制，道理也是一样。

我国现行的各种分类法，基本上都编有总论复分表、地区复分表和时代复分表。地区复分表又有世界地区表和中国地区表两种，时代复分表也有国际时代表和中国时代表两种。使用时，一般都依分类法类目的注释规定办事。

2. 图书分类法的类型

（1）体系分类法。它是用等级来表示类目的从属关系，用列举来表达类目的完整性，因而又称等级列举式。这种形式能较好地反映类目之间的系统性，但不能很好地反映图书内容的复杂性和事物之间的交叉性，必须人为地把不同标准的类目纳入一个类系中去、把复杂内容的图书归入到一个类，例如，《肺结核的X射线治疗》入"结核病"类，就不能入"肺疾病"类，或入"肺疾病"类，不入"结核病"类。我国现在的几部图书分类法均属体系分类法这一种类型。

（2）分类分类法。它是将图书内容所反映的客观事物分解成若干因素，再将这些因素归纳为若干个面（范畴）。图书分类时，根据图书内容的因素，归入相应类目中去，组配成适合特定内容的新类目。例如上面所举的《肺结核的X射线治疗》，经过分析，找出下列因素，医学、肺、X射线、结核、治疗，再将这些要素根据一定的公式和符号组配成新类目，可以是医学、肺、结核、治疗、X射线的次序，也可以是医学、结核、肺、治疗、X射线的次序，还可以是医学、X射线、治疗、肺、结核的次序。中间可用各种符号及其代号连接起来，因而这种形式又称分类组配式，这种形式能正确反映图书内容的复杂性和交叉性，这种形式不适于组织藏书，而适宜于组织文献检索工具。分类分类法的优点，正被体系分类法所吸收，《国际十进分类法》就是在杜威法的基础上吸取分类分类法组配的优点发展起来的体系分类混合型分类法。

（二）图书分类的工作程序

图书分类是一项十分细致的工作，也是一种复杂的思维劳动过程。这个过程包括：查重—辨类—归类—给分类号—给书次号—核对分类目录。

1. 查重

（1）查重的定义。查重是图书分类工作的第一步。就是某种图书到馆之后，利用公务书名目录或计算机检索系统，检查它是不是第一次到馆的新书，是不是复本，是不是已购入图书的不同版本、不同卷册本、不同的译本、不同的载体形式、不同的装帧和价格等，然后根据不同情况加以处理。

查重能使不同时期购入的同一种图书归入同一个类目，同时也可以把同一种图书的不同版本、不同卷册本集中在一起，防止一书两入，保证图书分类的质量，避免重复劳动，提高工作效率。

（2）查重后的不同处理办法。

第一，复本书的处理方法。复本书一般是指同一种图书在图书馆的藏书中多于一份时，多余的部分称为复本。同一种书是指内容、出版、印刷等项相同。改版、内容有变动，增订本、影印本、评注本、特殊装帧、价格有变动等，一般不能称为复本。复本书的处理需要注意：①某种新购入的图书同以前购入的图书相同，所以不用重新进行图书分类，直接取原书的分类号码。不用重新编制书次号，直接取原书的书次号。在新书的书标处著录原书的索书号。②同种书的不同装帧、不同价格的处理方法：分类号和书次号与原书相同，需要重新著录款目。③同种书的不同版本、不同卷册本的处理方法：分类号和书次号与原书相同。在书次号中要使用不同版本、不同卷册区别号，还要重新著录款目。

第二，新书的处理办法。需要分类的图书是首次到馆，按正常的图书分类程序进行分类。

2.分析图书内容

（1）分析书名。书名一般可以反映图书的内容性质，揭示图书的学科属性，对揭示主题有重要的参考价值。分析书名时，还可以分析解释书名的有关文字，因为这些文字是对书名的进一步阐释和解说，有重要的参考作用。书名是重要的，但不能单凭书名分类，因为有时书名不能准确或直接反映图书的中心内容。

（2）阅读内容简介。内容简介是对图书内容的简明扼要解释，对图书内容的简要说明，是了解图书内容和主题的重要途径。

（3）阅读目录。目录是图书内容的纲领，它简要地反映图书内容的题材和范围，是认识图书的重要根据。

（4）阅读序言、说明和跋语。它们可以反映写作的目的、内容范围、编写经过，以及对该书的评价。

（5）浏览正文。以上途径仍然不能确定中心内容时，应把图书简要地看一遍，以便了解它所表达的主题、重点和学科属性。

（6）了解作者和出版者的情况。在通常情况下，作者都有特定的专业范围，作品一般都是其所研究的专业内容，了解作者的专业范围，有助于对其著作的了解。出版者的情况也大体如此。

（7）借助工具书或请教专家。

3. 辨别类目

在分析图书内容，把握图书的研究对象和主题之后，就要到分类法中查找与其相符合的类目，选定需要使用什么类目。选定类目就要辨别类目的含义，明确类目的性质，掌握它的内涵和外延，了解它同其他类的关系，把握它在分类体系中的位置，看它同图书的主题是否一致。辨别类目含义可以从以下几个方面着手：

（1）从类名辨别类目含义。在一般情况下类目名称可以表达该类的本质，界定它的内容和范围，规定它的内涵和外延，具有很强的专指度。

（2）从类目注释辨别类目含义。类目注释是对类目含义的进一步解释和说明，对类目内容范围的进一步划分，指示该类包含与不包含的内容，收什么不收什么，揭示同其他类的关系，说明该类的特殊编列方法等。

（3）从类目体系中辨别类目的含义。类目名称在多数情况下可以揭示类目的含义和范围，但有时一些类目不能完全做到这一点。不能只凭类名辨别类目的含义，还要从类目体系结构中把握某个类目的本质。

二、文献主题标引

（一）文献主题标引的意义和作用

科学文化的不断发展，对文献内容的揭示方法提出了更高的要求——专深的、具体的、灵活的、多途径的检索。

主题法较之其他检索方法，具有较为广泛的适用性。其最大的优越性在于，更适用于文献的计算机检索。主题法抛弃了先组式的标题形式，采用了后组式概念组配的标题形式，吸收了键词法的轮排，所以它能在相当的程度上揭示文献细小的主题，提高文献主题的标引深度，比较及时地反映新学科、新技术和新问题。因此，主题法是标引和检索文献的一种重要的方法。随着科学技术的飞跃发展和文献数量的急剧增长及电子计算机的广泛应用，主题法的重要作用越来越明显了。

（二）主题法的类型

1. 标题法

在语词标识系统中，标题法是出现最早的一种形式。所谓标题法，是指以标题表中规定的标题词，直接标识图书资料主题的一种方法。这种方法有固定的标题表，用规范化的自然语词作为图书资料主题的标识。标题词（即标识）按字顺排列，标题词之间的关系，是通过标题表中的参照系统间接显示的。在语词标识系统的标引方法中，标题法不同于其他几种方法的主要之点在于表示图书资料主题的标题词，是在编表时预先固定组配好的，即先组式的标题形式。这种先组式的标题形式，要求表达图书资料主题的标题词必须是标题表中规定的标题词，不能任意组配。

由于这种先组式的标题形式不能满足按图书资料主题的各种特征任意组配的要求，所以在很大程度上限制了对图书资料内容的多途径的检索。这样，就产生了为克服这一缺陷的元词法。

2. 元词法

元词法亦称单元词法。单元词这一名称，是从图书资料的标引与检索方法这一角度提出的。它相当于自然语言中的单词（单纯词与合成词）。自然语言中的单词是不可再分的，分开就失去其原来的特定意义。单元词这一名称也可以说是从这一意义上确定的。例如，"雷达"就是一个单元词，对它不能再行分开，如果将其分拆为"雷"和"达"，就失去了其原来的意义，因为分拆后的"雷"、"达"与"雷达"在意义上毫无共同之处。

元词法也是以经过规范化处理的自然语词作为图书资料主题的标识的，但元词法的标识与标题法的标识在构成方法上是不同的。元词法是以单元词的组配来构成标题的，而标题法的标识则是标题表中预先组配好的。也就是说，标题法是用先组式的标题形式来表达图书资料的主题的，而元词法则是用后组式的标题形式来表达图书资料的主题的。

由于元词法采用的是单元词的字面组配，因而对图书资料主题的标识，容易出现含义不清的组配。因为字面组配，是对词（词组）的分拆与组合。这种单纯字面的分拆与组合，有时与概念逻辑相合，有时与概念逻辑不相合。当与概念逻辑不相合时，就会产生含义不清的组配，因而造成图书资料的误检。例如，"期刊目录"这一标识，是由单元词"期刊"和"目录"组配在一起的。这一单元词组配标识，既可表示"期刊的目录"，也可表示"期刊式目录"，这样就可能产生误检。单元词法的单纯字面组配是这种方法的主要缺陷，所以元词法已为叙词法所取代。

3. 键词法

键词法亦称关键词法。键词指的是从图书资料的名称、提要和正文中抽出来的，能够表达图书资料主题内容的关键性的词。键词法选用的键词，直接取自图书资料的题目或内容，一般不需要规范化，是直接使用自然语言的一种方法。因此，键词法不必编制键词表。

（三）主题词表的结构

主题词表一般是由字顺表和辅助表这两大部分构成的。字顺表是主题词表的主体部分，因此字顺表也称主表。辅助表是对主表起补充作用的表，一般包括：范畴表、词族表、轮排表和语言对照表。

1. 主表（字顺表）

主表是标引图书资料的主要工具，它是由主题词款目构成的。主题词款目是构成主表的基本单位，即查找单位。主题词款目一般是由款目主题词、范畴分类号、注释和参照项构成的。其中的参照项又是由参照符号和关系词构成的。款目主题词，指的是起标目作用或起排列和检索作用的主题词。范畴分类号，指的是表示主题词在学科体系中位置的分类号。注释，指的是对主题词的含义注释。参照项中的关系词，指的是与款目主题词有语义关系的主题词。参照项中的参照符号（关系符号），指的是款目主题词与关系词之间的关联符号。

主题词款目结构中的参照项是由以下各项组成的：

"用"项——表示从非正式主题词指引到正式主题词；

"代"项——表示"用"项的对应参照；

"分"项——表示主题词的下分词（狭义主题词）；

"属"项——表示主题词的上属词（广义主题词）；

"族"项——表示主题词所属的族首词；

"参"项——表示主题词之间的相关关系。

在《汉语主题词表》中，是以它们的汉语拼音首字母"Y""D""F""S""Z""C"来表示"用""代""分""属""族""参"的。

2. 辅助表

辅助表是标引图书资料的辅助工具，它一般包括范畴表、词族表、轮排表和语言对照表等。

（1）范畴表。

范畴分类表也称"范畴索引""范畴分类索引"，它是将主表（字顺表）中的全部主题词，按学科和词义范畴排列起来的分类表，有的分为二级类，有的分为三级类。类下的主题词按字顺排列。

范畴表的作用：①从分类的角度查找主题词，②组织手检分类主题目录，③编制主题词表的辅助工具。

范畴表的类目设置和划分原则：①要根据学科专业的特点、主题词的数量，并参考主题词的使用频率设置和划分类目。对内容广泛、专业分支复杂的学科，类目要多一些，划分要细一些。类目的多少，也要考虑主题词的数量，主题词数量多，则类目划分要细一些。对有的主题词，其数量虽不多但它所反映的学科内容比较重要或使用频率比较高时，要根据实际需要设类立目；②设置类目，要把科学体系和词义范畴结合起来考虑：一是可以突破学科体系的范围和级别。《汉语主题词表》"范畴索引"中的"04国际关系"类就是从《中图法》的"D政治、法律"类中独立出来的。二是对类无专属的主题词，应设一般性类目，如：《汉语主题词表》"范畴索引"中的"20社会科学一般概念"和"92自然科学一般概念"。

类目的标记符号：①双位数字法，即前两位数字代表大类，后两位数字代表小类；②双位字母法，即前两位字母代表大类，后两位字母代表小类；③字母与数字混合法。这种方法，有的是双位字母在前，有的是双位数字在前。

主题词的归类原则：主题词是按其本属性归类的，一般是一个主题词只归入一个类，但有的主题词是不同学科的研究对象，对这样具有双重或多重属性的主题词，可同时归入不同类目重复反映。

类目的排列方法：类目按范畴类号排列，主题词在最下一级类目之下，按字顺排列。

（2）词族表。词族表是按主题词的族系关系进行检索的一种辅助工具。词族指的是具有同义、属分、相关等语义关系的一组主题词。在一个词族中，主题词的属分语义关系是其中的主体部分。在一个词族中，概念最大的或概念最高的主题词，称作族首词或顶端主题词、领头词。《汉语主题词表》的词族表，没有反映同义和相关的语义关系，反映的是属分的语义关系。词族表是由一个个词族构成的。一个词族即为一个基本款目，以族首词作为款目词，即以族首词作为查找单位。

（3）轮排表。轮排表就是对以词组的形式出现的主题词中具有检索意义的主题词，按字顺排列起来的表。轮排，就是词组形式的主题词中的每一个具有检索意义的主题词轮换作主标题的一种方法。如："化学纤维工业"，就是一个词组形式的主题词，是由"化学""纤维""工业"这三个主题词构成的。这三个主题词都是具有检索意义的正式主题词。"化学纤维工业"在字顺表中排在"H"字头上，在轮排表中则重复排在"X"和"C"两个字头下。参加轮排的必须是主题词。

轮排的主要作用在于加强族性检索，扩大检索途径。

（4）语言对照表。语言对照表是用两种以上语言来反映同一主题的一种供标引和检索不同语文图书资料的一种辅助工具。可以是两种语言对照的，也可以是多种语言对照的。语言对照表的基本款目，一般应由主题词的第一种语文名称和第二种语文、第三种语文……的名称，以及范畴分类号组成。

（四）文献主题标引的方式

主献主题标引的方式很多，按照不同的区分标准可以划分为如下方式：

1. 依照文献的内容单元划分

依照所标引文献的内容单元，主题标引可划分为整体标引、全面标引、重点标引、补充标引四种方式。

（1）整体标引也称浅标引或概括标引，是针对文献整体内容提取主题，只概括揭示文献基本主题或整体主题的标引方式，而对于文献的从属主题、局部主题一般不予揭示。整体标引通常用一个主题词单独标引或少数几个主题词组配标引，如对《硫氮污染物的控制对策及治理技术》一书进行整体标引，只标引"烟气污染的防治"这个整体主题，不标引硫化矿燃烧前净化技术、燃烧后处理技术、工艺脱硫降硝、烟气脱硫、综合利用硫渣、脱硫的经济效益等局部主题。整体标引的标引深度最小，主要适用于综合性图书馆、情报机构建立手工检索系统时对普通图书的标引。但在许多情况下，整体标引都与补充标引结合使用。

（2）全面标引也称深标引，是把文献中全部有价值、符合检索系统要求的主题内容都予以揭示的标引方式。对于主题标引来说，一般可用数个、甚至多达几十个主题词予以揭示，如对《中国大陆鸟类六种趋极疟原虫的记述》一书进行全面标引，就应标引出小鹀疟原虫、极疟原虫、台湾疟原虫、狄氏疟原虫、劳氏疟原虫、嗜核疟原虫等具体的趋极疟原虫。如有必要，还应对整体主题"中国鸟类的趋极疟原虫"予以标引。全面标引的标引深度最大，主要适用于专业图书馆、各类情报机构处理情报价值大的文献，如：论文、科技报告、专利文献等。对于计算机检索系统，一般应采用全面标引，使文献中的情报内容得到最充分的揭示。

（3）重点标引也称对口标引，是只对文献中适合本单位、本专业服务对象需要的信息内容进行揭示的标引方式。如在《模拟人在火灾中的系统》一书中，包括了"HARRYBURNS"人体模型所用的材料、结构及安装有的热流传感器，皮肤损伤估价方法、计算机控制数据采集系统，以及防护服测试方法等。对于一个计算机研究部门可只对"计算机控制数据采集系统"进行重点标引。重点标引有较强的针对性和筛选性，主要适用于专业单位或检索系统对于本专业相关的文献的标引。

（4）补充标引是在整体标引基础上，进一步将文献中的部分内容析出，提取个别局部主题予以标引的方式，又称分析标引。如《科技文献检索》一书除了对整体主题"科技文献检索"进行标引外，又可将其中的"索引法"内容析出，作为补充标引。补充标引是一种辅助标引方式，能够较好地揭示文献中有较大检索和参考价值的内容。

2. 依照主题概念的对应程度划分

（1）专指性标引。专指性标引是指选用一个所表达概念与被标引主题概念完全或基本相符的标引进行的标引。例如，《教育心理学》一书，用"教育心理学"这个主题词标引。

（2）组配标引。组配标引是指选用两个或多个标识的组合共同表达一个主题概念的标引。例如，《高山草本植物分类图谱》一书，可用"高山植被""草本植物""图谱"三个主题词标引。

（3）挂靠标引。挂靠标引是指选用一个所表达概念与被标引主题概念相近或相关的标识进行标引，亦称靠伺标引。如：用"严寒气候施工"标引"冬季施工"这一主题概念。

3. 依照所用标识是否组合划分

（1）先组式标引。先组式标引是指标引时要将组配表达主题概念的若干标识组合成标识串的标引。例如，用"高等教育—教育改革—中国"标引"中国高等教育改革"这一主题。先组标引主要用于手检系统。

（2）后组式标引。后组式标引是指标引时并不将组配表达主题概念的多个标识组合成串，而是检索时才临时组合在一起。如上例，"高等教育""教育改革""中国"三个词并不组合在一起，尔后通过相同的文献号建立联系。后组标引多用于计算机检索系统。

4. 依照所用标识的受控程度划分

按照是否使用词表，主题标引可以分为受控标引、自由标引和半控标引三类。

（1）受控标引。受控标引是使用受控语言（标引语言）中的标识所进行的标引。受控标引通常依据词表为工具，使用经过控制的语词标识进行标引。按照选词方式的不同，受控标引分为标题法、单元词法、叙词法等类型，目前国内主要使用叙词法。

（2）自由标引。自由标引是使用自然语言词做标识所进行的标引，又称非控标引。自由标引通常直接从文献题名、文摘或正文中抽取关键词进行标引。

（3）半控标引。半控标引是同时使用受控语言的标识和自然语言的语词做标识所进行的标引。

5. 文献标引方式的选择

（1）检索系统的类型。手工检索系统宜采用整体标引方式，同时以补充标引作为辅助方式；计算机检索系统应采用全面标引方式，以充分揭示文献中全部有价值的情报内容；手检与机检并行的检索系统，应进行全面标引，同时根据手检系统的设备等情况决定检索款目的数量。

（2）专业特点与服务对象。综合性图书情报机构，应根据检索系统的类型尽可能全面地揭示文献主题内容，满足多种服务对象不同的情报需求。专业图书情报机构，则应根据各自的专业范围和服务对象的特殊需要选择标引方式，对一切有参考价值的主题内容进

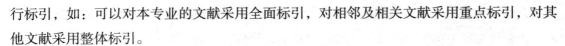

行标引，如：可以对本专业的文献采用全面标引，对相邻及相关文献采用重点标引，对其他文献采用整体标引。

（3）文献的类型。应根据不同的文献类型选用不同的标引方式。如：对普通图书采用整体标引并辅以补充标引，对多级出版物采用综合标引与分析标引相结合的方式，对各种论文、科技文献采用全面标引或重点标引等。

（4）人力、财力及成本—效益。不同的标引方式对人力、人员素质、财务、设备有不同的需求，也有不同的成本—效益，应将现有的条件和可能的发展统筹考虑，选择合适的标引方式。

（五）文献主题标引程序

文献标引工作是一项复杂的技术性工作，标引质量受各个工作环节的制约，因此必须严格遵守一定的工作程序。一般来说，标引工作程序包括五个基本步骤：查找并利用已有标引成果、主题分析、主题概念转换、标引记录和标引成果著录、审核。

1. 查找并利用已有标引成果

这是要查明待标引文献是否已被本人、本单位、本系统或其他单位、系统标引过，有无标引成果可以直接采用或作为参考。查找已有标引成果的具体途径包括如下三个方面：

（1）查找本单位标引成果。如果待标文献属于复本，可仍使用原文献的分类标识，但如果原来的标引有明显错误，则予以纠正；如属于某文献的不同版本或不同卷册，可增加相应的版本或卷册标识，主题标识一般不变（按分卷标引者除外）。

（2）查找外单位标引成果。如果待标文献是本单位新入藏的，则可查看是否有相应的统一（集中）标引成果可以利用。统一标引的标识是统一编目数据的重要组成部分，其传统载体是统编卡，现在已越来越多记录于以磁盘、光盘为载体的统编机读目录中。对于购有统编卡或统编机读目录的单位，如果查到待标文献的统一标引成果，还要考虑是直接采用统一标引的标识，还是只能将它作为参考，结合本单位的具体需要予以调整或修正。

（3）查看在版标引成果。我国目前几乎所有出版社都在其出版的图书上载有在版编目数据，美、英等国出版的图书上几乎都有出版编目数据。在版编目数据中包含的分类号、主题词就是在版标引成果。这些成果，有的可以直接采用，有的只能作为参考。

2. 主题分析

对没有现成标引成果可以采用的文献，需要标引人员对文献进行主题分析。主题分析就是对文献的内容特征进行分析，在充分了解文献内容及其学科属性、研究对象的基础上，深入分析主题的类型、主题结构及构成要素，对有检索意义的主题概念进行概括、提炼和选择的过程。在主题分析阶段，对文献内容的分析不应受标引语言的限制，标引人员可用自然语言对文献主题内容进行描述。基于自然标引的主题分析则表现为从文献中抽取表达主题的自然语词的方法运用，如：词频统计分析、语词位置加权等。主题分析是文献标引中最重要的环节之一，主题分析的质量决定着文献标引的质量。

3. 主题概念转换

在主题分析阶段，我们是用自然语言对文献主题内容进行描述的。要形成检索标识，还必须把这种描述翻译成特定标引语言的标识，也就是用标引语言的标识表达主题概念，这个过程就是主题概念转换。

人工标引的主题概念转换这一步可以细分为标引工具中相应的含义辨识，主题标引中的辩词；选择表达主题概念或概念因素的恰当标识并构成完整的检索标识，其中包括了标识的句法控制（如：复分组号、确定组配词序、联号、职号等）问题。主题概念转换与主题分析一样，也是文献标引的重要环节。正确的主题分析是主题概念正确转换的前提，只有正确的主题概念转换才能使主题分析的结果得以正确的表达。

4. 主题标引记录

标引记录包括直接标引结果记录和相关问题记录两种类型。

直接标引结果记录，是将标引所得的标识按规定格式记载在特定的载体上。对卡片目录和书本式索引来说，就是将主题标引的结果记录在卡片或书本目录的排检项位置。对于计算机检索系统来说，就是将主题标引的结果记录在文档的相应字段。

相关问题记录，是对标引过程中遇到的重要问题及处理结果加以记录，如：主题词的增、删、改记录，增加的类目注释，上位词标引、靠词标引、自由词标引记录等。做好标引记录可以提高标引的一致性和工作效率，为标引语言的发展和完善创造条件。

5. 审核

为保证文献标引的质量，减少标引误差，必须对标引的各个环节及最后结果进行审核。审核的内容主要包括如下六个方面：

（1）主题概念的提炼是否准确、全面，特别注意文献潜在的用途和隐含概念是否被遗漏。

（2）标引方式的选择是否符合检索系统及文献类型的要求。

（3）选用的分类号、主题词是否确切地表达了文献内容的学科属性及文献主题。

（4）主题概念的转换与主题标识的确定是否符合所用分类表与主题词表选词规定及标引规则，是否符合检索系统的要求。

（5）是否存在过度标引、标引不一致等问题。

（6）标引记录是否准确、无遗漏。

第四节　图书著录内容及方法

一、图书著录的内容

（一）著录项目

图书著录是指在编制图书目录时，对图书内容和形式特征进行分析、选择和记录的过程。用于揭示图书外表形式和物质形态及内容特征的描述说明称为著录项目，如：题名、责任者、出版时间、开本、页码、价格、主题等。所有著录项目的组合称为通用款目，通用款目是编制其他款目格式的基础。通用款目添加具有排检功能的标目后，就产生各种检索款目。将检索款目按标目进行排序后，就组成相应的目录，如：题名目录、责任者目录、分类目录、主题目录等。

（二）著录级次

中文图书的著录项目分主要项目和选择项目的著录。

主要项目包括：题名与责任说明项的正题名、第一责任者；版本项的版本说明；文献特殊细节；出版、发行项的出版地、出版者、出版日期；载体形态项的数量及特定文献类型标识、尺寸，附件；丛编项的丛编正题名，丛编编号、分丛编号；文献标准编号。

选择项目包括：并列题名、一般文献类型标识，其他题名信息、其他责任说明；印刷地、印刷者，印制日期；丛编并列题名，丛编其他题名信息、丛编责任说明、丛编ISSN；附注项；装帧、获得方式，附加说明。

仅著录主要项目的称为简要级次，除著录主要项目外，还著录部分选择项目的称为基本级次，凡著录主要项目和全部选择项目的称为详细级次。地方馆可采取仅著录基本级次，而全国编目中心则要进行详细目次的著录，以便于数据共享。

西文著录级次不划分著录项目性质，直接给出每级著录级次的著录单元，这里不做详细介绍。

（三）著录用标识符号

为便于人们识别不同语种文献的书目信息，利于国际书目信息交流，1974年出版的ISBD（M）率先规定了著录用标识符号，我国在《文献著录总则》及其一系列分则和《西文文献著录条例》中均采用ISBD规定的标识符号。如表1-1所示：

表1-1 著录用标识符号及其说明

符号	说明
—	项目标识符，用于分隔各著录项目，除题名与责任说明项外，各项著录前均用项目标识符"—"标识
[ ]	方括号用于一般资料标识和取自规定信息源以外的著录信息
=	等号用于标识文献的并列题名、并列责任说明，并列版本说明，丛编或分丛编的并列题名，连续出版物卷、期年月的第二标识系统、识别题名等
:	冒号用于标识文献其他题名信息，出版发行者，图及其他形态、丛编或分丛编的其他题名信息，获得方式等
/	斜线用于标识文献题名后著录的第一责任说明、与本版有关的第一责任说明、丛编或分丛编的第一责任说明
;	分号用于标识不同责任方式的其他责任者、与本版有关的其他责任说明，第二出版发行地、同一责任说明的集合题名，尺寸，丛编或分丛编编号，连续出版物的后继标识系统
,	逗号用于标识有从属标识的从属题名，同一责任说明中的第二、第三责任者，附加版本说明、出版发行年、国际标准连续出版物编号、交替题名、分段页码
.	圆点用于标识分辑标识或没有分辑标识的从属题名及不同责任说明的其他题名，分丛编题名
+	加号用于载体形态项的附件之前
( )	圆括号用于标识丛编项、载体形态项的补充说明，文献标准编号与获得方式的附加说明，连续出版物卷、期、年月标识项中的年月标识
×	乘号用于载体形态项中文献特殊尺寸宽度与高度的之间的标识
?	问号用于标识不能确定的著录内容，一般与"[ ]"结合使用
……	省略号用于标识省略的著录内容
-	连字符用于起讫连接
//	双斜线用于标识析出文献的出处

（四）著录用文字

著录用文字是指文献著录时所使用的文字的字形、字体和语种等。字形指字的形体，如：汉字用繁体字还是简体字、外文采用哪种拼写方法等；字体指文字书写方法；文种指用哪一文种著录。

文献著录必须采用统一规范的文字形式，中、西文文献著录对文字使用的具体规定为：中文文献的题名与责任者项、版本项、文献特殊细节项，出版发行项和丛编项一般应使用在编文献本身的文字著录。汉字要采用规范化汉字。中文文献本身的文字出现错误时仍须照录，可将正确的文字著录其后，并用"[]"括起。中文文献的版次、出版发行年、载体形态项内的卷（册）数、页数、尺寸、价格等数字一律采用阿拉伯数字。西文文献著录的题名与责任者项、版本项，出版发行项、丛编项均按文献本身所用文字著录；文献载体形态项、附注项、标准编号与获得方式项用英文著录；每个著录项目首词的首字母应大写，某些著录单元，如交替题名、分辑题名、并列题名的首词首字母，著录项目中所引其他题名的首词首字母及专有名词每个词的首字母也应大写；各种文献的大小写按各种语种的语法规则而定，如英、法文除专有名词外，一般均小写，而德文则规定，凡名词都应大写；错误的或拼错的单词应按文献所载形式著录，单词中所遗漏的字母可以使用方括号补著；个别项目文字的特殊规定见有关项目的说明。

（五）著录格式

著录格式是构成款目的各个项目在载体上的排列顺序及其表述方式，分为卡片格式（分段著录格式）、书本格式（连续著录格式）、机读目录格式（是一种存储过程的过渡式格式）三种。卡片格式分为通用款目著录格式、排检款目著录格式两种类型。

通用款目著录格式为：

> 正题名[一般文献类型标识]=并列题名：其他题名信息/第一责任者；其他责任者.—版次及其他版本形式/与本版有关的责任者.—出版发行地：出版发行者，出版发行年（印刷地：印刷者，印刷年）
>
> 页数或卷（册）数：图；尺寸+附件.—（丛书名/丛书责任者，丛书国际标准连续出版物编号；丛书编号）
>
> 附注
>
> 国际标准书号（装帧获得方式提要Ⅰ.书名Ⅱ.责任者Ⅲ.主题Ⅳ.分类号

排检款目有题名款目、责任者款目、主题款目等，其著录格式为：

> 题名（或责任者，或主题词）
>
> 正题名[一般资料标识]=并列题名：其他题名信息/第一责任者；其他责任者.—版次/与版本有关的责任者.—文献特殊细节.—出版发行地：出版发行者，出版发行年（印制地：印制者，印制日期）
>
> 数量及其单位：图表及其他形态细节；尺寸+附件.（丛编名/丛编责任者，ISSN；丛编编号）
>
> 附注
>
> 文献标准编号（装订）：获得方式提要
>
> Ⅰ.题名Ⅱ.责任者Ⅲ.主题词Ⅳ.分类号

分类款目著录格式为：

分类号

正题名［一般资料标识］＝并列题名：其他题名信息／第一责任者；其他责任者.—版次／与本版有关的其他责任者.—文献特殊细节.—出版发行地：出版发行者，出版发行年（印制地：印制者，印制日期）

数量及其单位：图表及其他形态细节；尺寸＋附件.（丛编名／丛编责任者，ISSN；丛编编号）

附注

文献标准编号（装订）：获得方式提要

I.题名 II.责任者 III.主题词 IV.分类号

书本式目录著录格式为：

正题名［一般文献类型标识］＝并列题名：其他题名：其他题名信息／第斗责任者；其他责任者.—版次及其他版本形式／与本版有关的责任说明.—出版发行地：出版发行者，出版发行年（印刷地：印刷者，印刷年）.—页数或卷（册）数：图；尺寸＋附件.—（丛书名／丛书责任说明，丛书国际标准连续出版物编号；丛书编号）.—附注.—国际标准书号（装帧获得方式）

附注

提要

二、图书著录方法

（一）题名与责任者项的著录

1.题名著录

题名有正题名、并列题名和副题名三种形式。正题名是文献的主要题名，包括单纯题名、交替题名、共同题名或从属题名。题名著录的方法如下：

著录正题名时，要按文献所提供的题名形式如实著录，题名中具有语法作用的标点符号、数字和其他文种的文字也照录。

交替题名是正题名的一部分，著录于正题名的第一部分之后，用逗号"，"标识，题名中"原名""又名""或"等字样应照录。

合订题名的著录可分为：同一责任者的合订题名，一般依次著录两个，并用"；"隔开，其余可著录于附注项；不同责任者的合订题名依次著录题名和责任者，不同题名与责任者之间用标识；不同责任者的合订题名在三个或三个以上时，只著录第一题名与责任

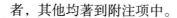

者，其他均著到附注项中。

正题名由共同题名与从属题名构成的，应先著录共同题名，再著录从属题名，中间用？隔开。

并列题名是指文献题名为两种或两种以上文种的题名，未被著录为正题名的其他文种题名应作为并列题名著录于正题名之后，用"="标识。例如，现代竞争分析=Modern Competitive Analysis/[美]沙伦·奥斯特著；张志奇，李强，陈海威译。

副题名是对正题名的解释和进一步说明，有的通过"—"或"（）"或空格与正题名相连，无论何种形式，都应将此著录于正题名之后，用"："隔开。例如：

考研英语快速突破：写作/管卫东编著

2. 责任者项著录

责任者项著录图书的责任者名称和责任方式，图书的责任者包括个人和团体。责任者著录的方法为：

第一责任说明前用"/"标识。著录同一责任方式的多个责任者，一般不超过三个，除第一个外，其余均用"，"标识；超过三个责任者时中文编目只著录第一个，后用"…[等]"表示，西文编目在著录第一责任者后用"…[etal.]"表示。例如：

概率论与数理统计复习指南及典型题解/毕建芝，段生贵编著；微型计算机常见故障及维修/李笑梅…[等]编著

为区分不同朝代或国别的同姓名或同译名的不同责任者，责任者名称之前加上"（）"，并在圆括弧内注明朝代或国别。其中，朝代仅用来著录清以前的古代责任者，以及中华人民共和国成立前的中国政府机关责任者（著"民国"等字样），外国责任者的国别若文献中没有提供，或有时无法确定，可先用"（）"著录，待查清后再予以补著；如果一书有多个责任者承担不同的责任方式，不同责任者之间用"；"标识。

经过注释、修订、改编的著作，先著录原著者，再著录注释者、修订者、改编者。对经修改后题材有所改变的文艺类作品，则以改编者为第一责任者，将原著者著录于附注项。例如：

外科正宗/（明）陈实功撰；裘钦豪…[等]校点；祥林嫂：越剧/袁雪芬改编

（附注项注：原著者：鲁迅）

如果图书有主编者，又有编辑者，只著录主编者；有主编者，又有编著者，先著录主编者，后著录编著者；1～2个著者的汇编本，先著录原著者，再著录汇编者。机关团体集体编写的著作，一般以机关团体名称著录，但在机关团体名称下有个人责任者时，按个人责任者著录。

责任者名称前后表示职位、学位、职称、出身、籍贯等的字样，均不著录。

西文编目中责任说明项只著录责任者名称及责任方式，对处于责任者名称之前的责任方式应照录如：adapted from…by…（…根据…改编）；edited by…（由…编）；adapted by…（由…改编）等。在责任者名称的前后或后面用标明其职责身份的author，editor，translator等词语说明责任方式的，著录时应根据原序或在责任者名称前，或在责任者名称之后加逗号著录。

西文著录时，若书中没有提供责任者名称时，则不予著录。如果书名中的责任者名称与主要款目标目相同，责任者项可以不著录责任者名称，否则必须著录。

例如，The Complete Short Stories of H.G.Wells一书著录时应以"Wells，H.G."作主要款目标目，责任说明项中可以省略该责任者名称。

McGuffeey's New Third Eclectic Reader for Young Learners，其中"McGuffey"不能作为主要款目标目，责任说明项中则必须著录责任者名称。

3. 题名与责任者项的著录结构形式

常用的题名与责任者项的著录结构形式有如下几种：

> 正题名/责任说明
>
> 正题名/第一责任说明；其他责任说明正题名=并列题名/责任说明
>
> 正题名=并列题名：其他题名信息/责任说明正题名：其他提名信息/责任说明
>
> 正题名/责任说明=并列题名/并列责任说明题名/责任说明.题名/责任说明
>
> 题名；题名/责任说明
>
> 共同题名.从属题名标识，从属题名/责任说明共同题名.从属题名/责任说明

（二）版本项的著录

文献版本项的著录单元有：版本说明、与本版有关的责任说明、附加版本说明、并列版本说明、附加版本说明后的责任说明。版本说明分两种表示方法：数字表示方法、文字表示方法。

数字表示法，是使用数字形式来表示版本的方法，除初版（第一版）外的各个版次均如实著录，省略"第"字，著为"×版"。

文字表示法，是使用文字形式来表示版本的方法，如：修订本、增订本、增订版、改写版、改编版、新版、初印版，影印本等，应作为附加版本说明著录于版次之后，用逗号标识；无版次者，以上文字直接著录于本项之首。

在版本说明中有时还会出现数字表示法和文字表示法并用的现象，即对版本的附加说明。例如：.—2版，修订本；.—3版，增订本常用文史工具书简目/涂宗涛编著.—2版，修订本傅雷家书/[傅雷著]；傅敏编.—3版，增补本

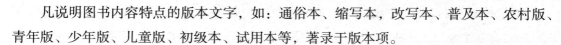

凡说明图书内容特点的版本文字，如：通俗本、缩写本，改写本、普及本、农村版、青年版、少年版、儿童版、初级本、试用本等，著录于版本项。

版本项著录的常用结构形式如下：

> .—版次
>
> .—版次/与本版有关的责任说明
>
> .—版次，附加版本说明/与本版有关的责任说明
>
> .—版本说明/与本版有关的责任说明＝并列版本说明/与本版有关的责任说明
>
> .—版本说明/与本版有关的第一责任说明；与本版有关的第二责任说明；与本版有关的第三责任说明
>
> .—版本说明/与本版有关的责任说明，附加版本说明/与附加版本有关的责任说明；版本说明

（三）出版发行项的著录

出版发行项包括出版发行地、出版发行者和出版发行年等内容。

出版发行地以出版发行机构所在地为准著录地名全称，有出版地不著录发行地；推测著录的出版发行地应在其后加注问号，无法推测著录至具体城市的出版发行地，可著录所在省名或国名；出版发行地完全无法推测著录的，可标识"出版地不详"，以上著录内容均用方括号括起。如：

我的读书生活/冯玉祥著.—[重庆？]：三户图书刊行社，[19？]

社会科学概论/瞿秋白著.—[出版地不详]：霞社校印，1939

地名相同的不同出版发行地可在其后方括号内注明国别或地区名称。有两个出版发行地的，第二个出版发行地前用分号标识；三个或以上出版发行地的，按原顺序著录第一个地名，后加"…[等]"字。如：

朱元璋传/吴晗著.—北京；香港：三联书店，1965（1979重印）

小学生文库/《小学生文库》编委会编.—沈阳…[等]：辽宁人民出版社…

[等]

出版发行者一般以出版发行机构为准，不著录出版发行机构代表人。有出版者的一般不再著录发行者，除国内知名并易于识别的出版发行者（如：商务、中华、三联书店等）可著录简称外，其他均应著录全称。同时，充当责任者的出版者，可著录"著者""编者""译者"等字样。例如：

大学物理解题题典/宋士贤，郭晓枫编.—西安：西北工业大学出版社，2004.7

中华人民共和国行政区划图/中国地图出版社编.—2版.—北京：编者，1987

Shadow dance/by Henry Clive Mackeson.——London：H.Mackeson

中西文献同时存在两个出版发行者的情况时，著录第二个出版发行者之前用冒号标识；同时有三个及以上出版发行者的，按顺序著录第一个，后加"…[等]"字样。

出版发行年按原书提供出版年如实著录，有出版年的一般不著录发行年，且著录时"年"字可省略。如文献提供的出版年有误，除如实著录外，应将考证所得的正确年代著录其后，并用"[]"括起，中文著录要在附注项加以说明，西文著录则用"West"的缩写"i.e."标识。文献无出版年或印刷年时，中西文文献均应推测著录，并用"[？]"标识，如[1981？]，[196？]。

如果图书的有关出版发行资料不全，可用印刷地、印刷者、印刷年代替，将它们著录于出版发行地、出版发行者、出版发行年的相应位置。如：

列宁论图书馆/《列宁论图书馆》编译小组编译.—北京：北京大学图书馆学系印，1975

由另外一个出版社重印原出版社图书的情况，可将印刷地、印刷者、印刷期著录在出版发行年之后，注明"重印"字样，并加圆括号括起。同一出版社多次印刷同一版本的图书时，应在出版年后注明该书的印刷时间。例如：

.—北京：外语教学与研究出版社，1985（上海：上海外语教育出版社，1987重印）

朝花夕拾/鲁迅著.—北京：人民文学出版社，1979（1990重印）

当西文图书的出版发行情况不完备时，将印刷说明著录在出版发行年之后，并用"（）"括起；如：.—[s.1.：s.n..]，1971（London：Wiggs）

出版发行项著录的常用结构形式有：

.—出版地或发行地：出版者或发行者，出版年或发行年

.—出版地或发行地；出版地或发行地：出版者或发行者，出版年或发行年.

—出版地或发行地；出版者或发行者：出版者或发行者，出版年或发行年.

—出版地或发行地：出版者或发行者；出版地或发行地：出版者或发行者，出版年或发行年

.—出版地或发行地：出版者或发行者，出版年或发行年（印刷地：印刷者，印刷年）

（四）载体形态项的著录

载体形态项用来著录文献的物质形态，即在编文献的页数、图表材料、书型尺寸及附件等内容。

页数以"页"为单位，包括正文、文前栏目和文后栏目；如果正文页数与正文前后其他页数单独编码，则正文前后的页数可省略，若正文前后的内容特别重要且页数较多，则可采取分段著录的办法，并用"，"分开。例如：

15，287，13页；350页；

在编文献页数按每章节单独存在，难以计算整体的页数或没有标明页数时，著录为"1册"。西文图书则只著录主要页码，100页之内应计数著录，超过100页则著录估计的页数，并在后面注明"in various pagings"字样。

图表材料包括附图、插图、冠图等，可依次著录为附图、插图、冠图或根据图的种类更详细地著为肖像、地图，照片，彩图等。西文文献则著录为"illustrition"的缩写形式"ill."。如在编文献中，图的种类较多时，中文可以"附图"概括，西文则须先著录"ill."，再标明图的类型；如有彩图或彩照时，西文著录为"colour"的缩写形式"col."。

书型尺寸的著录，按"cm"计算，不足1厘米的按1厘米计，如22.6厘米著录为23厘米。中西文图书一般只著录文献的高度。通常情况下，大32开（包括32开精装）为21cm；普通32开为20cm；小32开为19cm；大16开为27cm；普通16开为26cm。当图书的宽度大于高度或不足高度的一半时，才用"高×宽"表示。

附件是指与图书内容有关，又独立于图书主体以外的附加材料。著录方法分为：附件与图书的主体部分联系密切，必须共同使用，一起入藏保管的，著录于载体形态项末尾，用"+"标识；但附件名称较长，须著录内容较多，或附件具有单独题名，并可脱离图书主体部分单独使用的，须将此附件著录于附注项中，以便读者查检。例如：

中国史稿/郭沫若编.—北京：人民出版社，1962.4册；20cm.

本书附件：中国史稿地图集.上集/郭沫若主编.—1979

平面设计范例入门与提高/东方人华主编；帅芸，帅飚，张琳编著.—北京：清华大学出版社，2004.1

302页；26cm本书附光盘1张 范例入门与提高丛书

载体形态项著录的一般结构形式：

```
页数：图；尺寸
页数：图；尺寸+附件
卷（册）数：图；尺寸
```

（五）丛书项的著录

丛书项是指丛书分散著录时使用的著录项目，包括正丛书名、并列丛书名，副丛书名及说明丛书名的文字、丛书责任说明、国际标准连续出版物编号（ISSN），丛书编号、附属丛书名、附属丛书ISSN等著录单元。

丛书名包括正丛书名、并列丛书名，副丛书名及说明丛书名文字，其著录规定与书名基本相同。例如：

网络技术（三级）样题汇编/陈明编著.—北京：清华大学出版社，2003.12

（计算机等级考试丛书）/谭浩强主编

未标明丛书字样而属于丛书性质的图书，应按丛书著录。例如：

机械设计课程设计/朱文坚，黄平主编；何悦胜等编.—2版.—广州：华南理工大学出版社，2004.1（机电工程系列教材）

文献编目工作/黄俊贵主编.—北京：北京图书馆出版社，2000.10（图书馆岗位培训教材/陈琪林，杜克主编）

具有多种文字的丛书名，其并列丛书名与正丛书名一并著录，中间用"隔开。

一种文献被同时收录到两种或两种以上的丛书中时，一般仅著录两种丛书的有关信息，并用（）标识。

丛书项著录的结构形式：

> .—（丛书正书名）
>
> .—（丛书正书名＝丛书并列书名）
>
> .—（丛书正书名/丛书责任说明）
>
> .—（丛书正书名；丛书编号）
>
> .—（丛书正书名：丛书其他书名信息/丛书责任说明；丛书编号）
>
> .—（丛书正书名，丛书ISSN；丛书编号）
>
> .—（丛书共同书名，分丛书名）
>
> .—（丛书共同书名，分丛书标识，分丛书名）
>
> .—（丛书共同书名，分丛书名，分丛书ISSN）
>
> .—（第一丛书名）（第二丛书名）

（六）附注项的著录

附注是对书名与责任者说明项，版本项、出版发行项、载体形态项、丛书项，标准书号与获得方式项及图书的性质、用途等予以补充说明。常用附注项著录内容应包括：封面、书脊等处所题书名与书名页书名不同时，将封面书名、书脊书名放附注项加以标识，著录为"封面书名：××××""书脊书名：××××"。例如：

四世同堂.上/老舍著

（附注项注明"封面书名：四世同堂.第一部，惶惑"）

图书翻译本和转译本的说明，将说明部分放附注项标识，著录为"书名原文：×××"和译本出处。例如：

来自地狱的女人/谢尔顿著；吕明，顾尔历译.—北京：华艺出版社，1986 386页；21cm

本书原名：If Tomorrow Comes

法国中尉的女人/（英）约翰.福尔斯著；陈安全译.—上海：上海译文出版社，2003.6

401页；21cm

世界文学名著普及本

书名原文：The French Lieutenant's Woman

书名变更或同一书名有两个或以上书名且没有反映在书名页时，著录为"本书原名：*×××""本书又名：××××"；例如：

玉观音/海岩著.—北京：群众出版社，2003.4 408页；21cm

本书又名：在家等你

转印本、复印本、影印本、抽印本注明依据的原书；

说明图书用途，读者对象、适用范围的文字，如："高等院校专业教材""大学生读物"等，应在附注项加以标识。

例1：知识产权法案例教程/宋红松编著.—北京：北京大学出版社，2005.3 564页；25cm

21世纪法学系列教材教学案例

例2：机械原理/李黻，张宪民编著.—武汉：武汉理工大学出版社，2004.3 238页；26cm

教育部高等教育面向21世纪课程教材

对原文献出版发行项的修正补充，或载体形态项著录内容不明确时，应在附注项予以补充说明或修正。

第二章　图书馆信息资源建设研究

第一节　图书馆信息资源概述

一、信息资源的概念和特性

信息资源是图书馆信息资源建设领域的基本概念之一，也是信息资源建设学科研究的逻辑起点。对信息资源的理解与表述，从整体上决定着信息资源建设的内涵和外延，决定着信息资源体系的展开。

（一）信息资源的概念

信息资源是一个具有丰富内涵的术语，最早见于奥罗尔科（J.O.Rourke）刊载于《Special Library》的 *Information Resources in Canada*[①] 一文中。随后，信息资源的研究逐渐成为国内外图书馆学的研究热点。

综观国内外学术界对信息资源概念的定义，可以从广义和狭义两种角度来理解和分析。

广义上的理解，认为信息资源是信息活动中的各种要素的总称，既包含了信息内容本身，也包括了与信息相关的人员、设备、技术、网络、资金等各种资源。广义的信息资源概念，把信息活动的各种要素全部纳入信息资源的范畴，有助于从整体上把握信息资源的内涵。它强调信息资源是经过人类开发与组织的信息集合，信息只有在实施管理后才具备成为资源的条件；强调信息要素价值的实现离不开信息生产者、信息技术等信息活动要素的综合作用。这也正是信息资源与自然物质资源的区别。

狭义上的理解，即从信息的本体出发，认为信息资源即指信息内容本身。信息资源是经过人类选取、加工、组织、序化的有用信息的集合。从狭义的角度来理解信息资源，集中强调了信息要素在信息资源定义中的核心地位，而把信息生产者、信息技术与设施等信

---

①　奥罗尔科 .Special Library[M]. 特殊图书馆是指为特定主题提供专门信息资源、为特定和有限的客户提供服务，并为该客户提供专门服务的图书馆。特殊图书馆包括公司图书馆、政府图书馆、法律图书馆、医学图书馆、博物馆图书馆、新闻图书馆和非公共图书馆。学院内还设有专门的图书馆，包括法学院图书馆和医学院图书馆。这些图书馆被列为特殊图书馆，因为它们通常是与大学其他地方分开资助的，并且服务于目标用户群体。

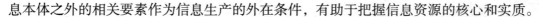

息本体之外的相关要素作为信息生产的外在条件，有助于把握信息资源的核心和实质。

从图书馆信息资源建设实用性的角度出发，本书在讨论信息资源时所使用的是其狭义的理解，即信息资源是在人类活动中产生的，经过人为选取、加工、组织、序化的有用信息的集合。

（二）信息资源的特性

1. 人工性

信息资源是人类开发与组织的信息，是人类脑力劳动和认知过程的产物。信息资源生产、组织、建设、开发、传播和利用的过程，信息技术和信息设施的发明创造，无不深深地打上了人类加工的烙印。信息资源的人工性特点是我们建设、开发和利用信息资源的理论依据。

2. 有序性

信息浩如烟海且杂乱无章，处于各种混沌无序状态。信息资源是人类按照一定次序，从浩瀚无边、纷杂无序的信息海洋中选取和组织起来，以方便利用的序列性信息。

3. 有限性

信息作为事物的运动状态及其变化方式，伴随着事物的存在而存在，是普遍存在的、无限的、用之不竭的。信息资源仅是信息中的一部分，是经过人类选择的有用的部分信息，其数量是有限的。因此，人类开发的信息资源数量虽然庞大，但对于特定的个人、组织或者任务来说，真正有价值且可以获得的信息资源往往也是有限的。

4. 积累性

信息资源是有用信息的集合，一条信息不能构成信息资源，只有经过一定时间积累使信息达到一定的丰富度和凝聚度，才能成为信息资源。正是这种积累性，才使不断流散在空间和时间中的信息，能够汇集到信息机构，跨越时空限制满足人们多样化的信息需求。

5. 效用性

任何信息资源对人类都具有一定的效用，且易于扩散、传播和共享。信息资源随着开发深度和广度的不断拓展，其数量和利用价值亦不断增多和增强；对信息资源的需求和利用程度越高，信息资源的价值和效用也就越大。许多信息资源具有高度的时间敏感性和时效性，随着时间推移逐步过时老化，并失去其利用价值而成为无用的信息。

二、信息资源的类型

（一）广义信息资源的类型划分

1. 按照信息资源的组成与内在关系划分

（1）元信息资源，是指信息生产者或信息产生者的集合。信息生产者是指能够创造并生产出有用信息的人或者机构；信息产生者则指无意识地向人类、社会发出各种信息的大自然。元信息资源是信息产生的源泉。

（2）本信息资源，是指信息内容本身，是信息的集合，包括社会信息与自然信息。本信息资源是构成信息资源的核心部分，也是信息资源组织和管理的重要内容。

（3）表信息资源，是指为信息的收集、存储、加工、处理、传递、开发、利用而运用的一切技术和设备的集合。表信息资源是信息得以显现的重要基础，也是信息得以充分开发利用的必要条件。

2. 按照信息资源的实虚形态划分

（1）有形信息资源，包括信息的产生者、生产者、开发者、使用者、存储介质、信息设备设施和信息机构等。

（2）无形信息资源，包括信息内容本身、信息系统软件、信息系统与信息机构的运作机制等。

3. 按照信息资源的空间分布范围划分

（1）国际（世界）信息资源，是指通过网络将分布在世界各国的信息资源，包括各种数据库、计算机、信息用户、信息生产者，连接起来的一个全球信息共享联合体。

（2）国家信息资源，泛指某一个国家信息资源的总和。

（3）地区（部门）信息资源，是指一个省、市、部门或系统的信息资源总和。

（4）单位信息资源，是指某一企业、院所或机关的信息资源总和。

（二）狭义信息资源的类型划分

1. 按照信息资源的加工程度划分

（1）零次信息资源，是指直接用以观察客观事物活动的人、事、物。它们是各类信息系统中的信息产品形成的原始资料，尤其是大量实地调查类的信息产品。这些资源中的信息是通过相关的人、事、物的识别，建立特殊渠道进行接触，尔后应用有关方法对有关情况进行收集与分析而获得。

（2）一次信息资源，是指原始信息的集合，包括决议、报告、记录、心得、消息、创作、专利文献、标准文献、档案文献、统计报表、图书、期刊、学位论文、事实数据库等原创性信息资源。用户可以从一次信息资源中直接获取所需的原始信息。

（3）二次信息资源，是指对原始信息进行加工整理或提炼压缩后产生的、便于利用一次信息资源的信息资源。包括目录、索引、文摘、题录、简介、书目数据库、参考数据库、搜索引擎、分类指南、网络资源学科导航等。二次信息资源的主要功能是检索与通报一次信息资源。

（4）三次信息资源，是指通过利用二次信息资源提供的线索，对某一范围的一次信息资源进行综合分析、研究、评述而加工生成的信息资源，是高度浓缩加工的再生科研信息。主要包括综述、述评、专题研究报告、百科全书、年鉴、指南、词典及相应的数据库等。

2. 按照信息资源的载体划分

（1）体载信息资源，是指以人体为载体并能为他人识别的信息资源。体载信息资源按其表述方式又可分为口语信息资源和体语信息资源。口语信息资源是人类以口头语言表述出来但未被记录下来的信息资源，如：谈话、授课、讲演、讨论、唱歌等。体语信息资源是以人的体态表述出来的信息资源，如：表情、手势、姿态、舞蹈等。

（2）实物信息资源，是指以实物为载体的信息资源。实物信息资源依据实物的人工与天然特性，又可分为以自然物质为载体的天然实物信息资源和以人工实物为载体的人工实物信息资源。

（3）文献信息资源，是以文献为载体的信息资源。文献信息资源依其记录方式和载体材料，又可分为刻写型、印刷型、缩微型、机读型、声像型等五大类。

（4）网络信息资源，即通过计算机等使用终端和通信网络而获取的信息资源。

3. 按照信息资源的传递范围和保密程度划分

（1）公开信息资源，也称共享信息，包括一切公开发表和出版的信息。公开信息资源的数量巨大，是信息资源研究和利用的重点。

（2）半公开信息资源，是指内部信息资源和所谓的"灰色"出版物。

（3）非公开信息资源，是指不宜公开发表和出版的信息资源，如：机密信息等。

除此之外，狭义信息资源还有许多其他不同的划分方法。如：按照信息的存在状态，信息资源可划分为潜在信息资源和现实信息资源；按照信息资源的内容，可划分为科技信息资源、金融信息资源、教育文化信息资源和政治法律信息资源；按照信息资源的传播途径，可划分为口头交流传播的信息资源、文字交流型信息资源、网络传输型信息资源等。

三、图书馆的主要信息资源

这里以信息资源的载体形式和记录方式作为划分标准，从文献信息资源和网络信息资源两个方面较为系统地介绍图书馆的主要信息资源类型。

（一）文献信息资源

文献信息资源即以文献为载体的信息资源。文献信息资源是将信息知识内容以某种形式的符号记录在一定的物质载体上，并以一定形态呈现出来的物质实体。文献信息资源依据其记录方式和载体材料，可以做如下划分：

1. 印刷型文献

印刷型文献是指通过石印、油印、铅印、胶印、复印等印刷方式，将知识信息内容记录在纸质载体上的一种文献形式。印刷型文献历史悠久，是图书馆物理馆藏的构成主体。

按照出版形式，印刷型文献可区分为以下类型：

（1）图书。印刷方式单本刊行的非连续性出版物，它和连续性出版物一起构成图书馆实体馆藏的主体。图书往往是著作者在长期研究和学识积累的基础上，对某一知识领域进行较为系统和深入研究而形成的成果，编著和出版周期较长。因此，图书的内容比较完整、系统、成熟而新颖性不足，是了解和掌握各学科的系统知识的重要信息源。

图书按照出版方式，可划分为单本书、多卷书、丛书等类型；按照内容性质和使用对象，可划分为学术专著、教材、论文集、资料汇编、科普与通俗读物、文学艺术作品、少年儿童读物、参考与检索工具书等类型。

（2）连续出版物。连续出版物是具有统一的题名，汇集多位著作者的多篇著述，以统一的装帧形式、卷、期或年、月标识，定期或不定期以连续分册形式出版，并且计划无限期地连续出版的出版物。它包括期刊（杂志）、报纸、年度出版物（年刊、年报、年评、年表、年历、年鉴等）、丛刊等无限期连续出版的文献。其中，期刊（杂志）和报纸是连续出版物的主要类型。

（3）特种文献。特种文献是指出版形式比较特殊的科技文献资料。它介于图书与期刊之间，似书非书、似刊非刊。这类文献的特点是内容广泛新颖，类型复杂多样，涉及科学技术、生产生活各个领域；现实性强，情报价值高，从不同领域及时反映当前科学技术的创造发明、进展动态、研究水平和发展趋势；出版发行无规律，有的有一定保密性，收集比较困难。特种文献主要包括科技报告、政府出版物、会议文献、专利文献、标准文献、学位论文、产品资料等。

（4）其他零散资料。主要指档案资料、舆图、图片、乐谱等资料。档案资料包括文书档案和科技档案，是记录各种事实进行过程的卷宗资料，有一定的保密性。舆图包括地图、地形图、地质图、行政区划分和各种教学挂图等。图片包括各种新闻照片、美术作品等。乐谱指单张活页式音乐曲谱艺术作品。

2. 刻写型文献

刻写型文献是以刻画和手工书写为手段，将知识信息内容记录在各种自然物质材料和纸张等载体上而形成的文献，包括手稿、日记、书信、会议记录、原始档案、碑刻、简策、帛书等。许多稀有和珍贵的刻写型文献是图书馆特藏的重要组成部分。

3. 缩微型文献

缩微型文献是利用光学记录技术，将文献的影像缩小复制在感光材料上而制成的感光复制品。它包括缩微胶卷、缩微胶片、缩微卡片等。

4. 视听型文献

视听型文献是以电磁材料为载体，以电磁波为信息符号，将声音、图像和文字记录下来的一种动态型文献。它可分为视觉资料、听觉资料和音像资料等，如：唱片、录音带、录像带、电影胶片（卷）、幻灯片等。

5. 机读型文献

机读型文献是将文字、声音、图像、图形等信息以数字代码方式存储在磁、光、电等介质上，通过计算机或类似功能的设备阅读使用的文献。机读型文献按其存储载体可分为光盘、磁盘、磁带等类型，其中，磁盘和光盘是主要的机读文献载体类型。

（二）网络信息资源

网络信息资源是指以数字化的形式将文字、图像、声音、动画等多种形式的信息存储在光、磁等非纸质载体中，并通过网络和计算机等方式再现出来的信息资源。随着计算机网络的发展，网络信息资源的数量日益庞大，内容纷繁庞杂，形式多种多样。依据不同的标准可将网络信息资源划分成不同的类型。

1. 按照信息资源的组织管理程度划分

（1）网络数据库资源。网络数据库作为高质量的学术、商业、政府和新闻信息的重要来源，已成为网络信息资源的主体。它是图书馆数字信息资源建设的主要对象和水平标志，在现代图书馆信息资源建设中起着举足轻重的作用。

网络数据库资源按照维护和使用权限，可以划分为：①永久保存型数据库。如：馆藏书目数据库、馆藏数字化全文数据库、自建的特色与专题数据库等，从内容的取舍、组建到数据库的维护都由图书馆负责，图书馆具有全部所有权，并提供全方位检索、阅览和存取服务。②镜像服务型数据库，如：国内外一些大型的数据库，通过镜像的形式拷贝到图书馆内的服务器上供读者检索、阅览和存取。镜像数据库的维护主要由数据库提供商承担，图书馆对其一般具有永久使用权。③网络服务型数据库，如：远程数据库，存放在远程服务器上，由数据库提供商负责管理和维护，使用馆通过购买或协商取得该数据库的存取权限，并在图书馆主页上设置链接点远程登录使用。这类数据库图书馆只有永久或约定期限的使用权。④链接存取型数据库，如：因特网上各类免费使用的数据库资源，保存或寄居在因特网上的某一位置，图书馆通过捕获、筛选和组织资源导航链接提供存取服务。这类资源一般无确切的边界，具有流动性、临时性的特征，图书馆虽然对其内容没有控制权限，但是可以起到丰富馆藏的作用。

（2）其他网络信息资源。①电子书刊和报纸，指完全在网络环境下编辑、出版、传播的电子图书、电子期刊和电子报纸。包括印刷型书刊报的电子版和纯数字书刊报。②电子特种文献，如：电子版科技说明书、电子版科技报告等。③站点资料，包括大学、科研院所、企业、公司、信息服务机构、行业机构、政府机构的站点资源等。④动态信息，包括各种机构发布的消息、政策法规、会议消息、论文集、研究成果、项目进展报告、产品目录、出版目录、广告等。⑤交流信息，包括电子邮件、电子公告、新闻组、用户组、博客、论坛等。

2. 按照网络信息资源的生产途径和发布范围划分

（1）商用网络信息资源。商用网络信息资源也可称为正式数字出版物，由正式出版机构或数据库商出版发行，包括全文数据库、事实数值数据库、参考数据库等各类数据库，以及电子期刊、电子图书、电子报纸等。商用网络信息资源学术信息含量高，易于检索利用，出版成本高，必须购买使用权才可以使用，在数字学术信息资源中所占比例最大，是图书馆数字信息资源建设的重点。

（2）网络公开学术资源。这部分也可以说是半正式出版物，完全面向公众开放使用，包括各种学术团体、行业协会、政府机构、商业部门、教育机构等在网上正式发布的网页及其信息。包括重要学术网站资源、重要搜索引擎/分类指南、网络学术资源导航、图书馆馆藏联机公共目录（OPAC）等。

（3）网络特色资源。网络特色资源属于半正式出版物，主要基于各教育机构、政府机关、图书馆的一些特色收藏制作，在一定范围内分不同层次发行，不完全向公众发行，有时需要特别申请。如：只在校园网内允许使用的教师教学课件、学位论文等。

（4）其他资源。如：BBS、博客、电子邮件等属于非正式出版物。

第二节 图书馆信息资源建设理论基础

一、传统基础理论的运用

（一）图书馆学

图书馆学是研究图书馆的发生发展、组织管理，以及图书馆工作规律的科学。研究的内容包括图书采访、图书分类、目录学、读者服务、文献检索、参考咨询、图书馆系统及图书馆事业和宏观调控与管理等。信息资源建设主要探讨为符合图书馆任务和读者要求，如何系统地建立、发展、规划、组织馆藏体系及信息保存、保护的理论与方法，进而研究系统、地区、全国信息资源的布局和信息资源的共享等。可以说，现代图书馆工作及一些理论已与现代信息资源建设工作连成一线，其部分工作内容就是信息资源建设活动重要的核心组成部分。

（二）情报学

情报学是以作为一种普遍存在着的社会现象的情报和整个情报交流活动为研究对象。具体地说，主要研究情报的收集、组织、存储、检索，情报系统资源的布局、开发和利用，情报网络和情报系统的建设，国家情报管理体制、国家情报政策与法规、情报产业与情报经济、情报教育等。现代信息资源建设活动的延伸是情报文献工作，因此现代信息资源建设的理论研究与情报理论紧密相连。

（三）档案学

档案学是研究档案的形成和特点、档案管理的原则和方法，以及档案工作发展规律的一门科学。具体地说，主要研究档案和档案管理过程（包括收集、整理、鉴定、保管、统计、检索、开发利用等），研究档案系统及组织，研究国家档案事业的组织、管理和发展规律等。档案信息资源是建设现代信息资源的重要内容之一，与现代信息资源建设密切相关。

（四）大众传播学

大众传播学又称传播学或者传媒学，是研究人们运用符号进行社会信息交流的规律性和行为的一门科学。具体地说，主要研究传播和传播过程，传播类型与传播模式，传播媒介，传播与国家发展、传播与现代化等内容。现代传播学除了研究纸载信息这一传统媒体外，也研究其他各种形式的信息媒体——声像、缩微、电子出版物等，这为现代信息资源建设的信息资源传播提供了坚实的理论基础。

二、现代基础理论的运用

信息资源建设的现代基础理论是信息科学理论和信息整序理论。信息科学理论包括信息论、系统论和控制论，人们通常称为"老三论"；信息整序理论包括耗散论、突变论和协同论，人们通常称之为"新三论"。

（一）信息科学理论的运用

信息科学理论以信息为基本的研究对象，以信息的运动规律和应用方法为主要研究内容，以计算机技术为主要研究手段，以扩展信息功能为研究目标，是信息资源建设最直接和最重要的基础理论。

1. 信息论

信息论是一种关于通信的数学理论，它通过数理统计方法研究信息的度量、传递和变换规律，解决信息的获取、度量、变换、存储、传递等问题。信息论有狭义信息论、一般信息论和广义信息论之分。狭义信息论即申农的信息论，主要研究信息的测度、信息容量和编码等问题；一般信息论即通信理论，主要研究信息传输的一般理论，包括信号与噪声理论、信号过滤与检测、调制与信息处理等问题；广义信息论即信息科学，研究内容涉及通信科学、心理学、语言学、语义学、决策科学等与信息有关的一切领域。信息的传递交流也是一种通信工程，除了通过人与人之间直接交谈进行交流之外，更多的是通过电话、电报、无线电、电视、报纸、各种出版物等方式，借助于对各种符号和信号系统的传递、存储来交流信息。特别是现代信息技术被用于处理信息资源后，信息论与现代信息资源建设更是结下了不解之缘。

信息机构作为信息服务中心，以满足信息用户的需求为最终目的，对信息用户提供咨询、检索等服务，要做好这些工作，必然要求各子系统紧密配合，形成一个有机的整体，而这种配合就是一种信息交流的方式。信息机构的资源运行系统的这种信息交流表现为外部的交流与内部的交流。外部交流，主要指各信息机构之间的相互交流及信息机构与外部环境之间广泛的联系。为了满足整个社会的信息需求，各信息机构之间必然要联合起来，互通有无，进行资源共建，实现资源共享。内部交流主要指内部子系统之间的相互作用、相互制约，表现在对服务对象的反馈信息的处理上。信息用户对信息资源中心的整体运作提出意见，这些意见被信息资源中心汇总、分析、研究，从中找出工作中的不足，加以改善，不仅能更好地为用户提供服务，同时也促进了自身的发展。

2. 系统论

（1）系统与系统的性质。

系统论是20世纪30年代由美籍奥地利生物学家贝塔朗菲提出来的。现代系统理论认为，客观世界的一切物质都存在于一定的系统之中。所谓系统，是"由相互联系、相互依赖的若干组成部分结合而成的具有特定功能的有机整体。而这个'系统'本身又是它所从属的更大系统的组成部分"[①]。一个国家的信息资源系统也是如此，它具有普通系统所具有的基本性质。

第一，信息资源系统是由若干要素和子系统按一定方式组合而成的。各种信息生产部门、图书馆、情报机构、档案机构及其他信息机构的信息资源，都是构成这个系统的要素，各要素按一定的方式组成若干层次的子系统，然后由这些子系统组成全国信息资源整体系统，同时信息资源系统又是整个社会大系统的一个组成部分。

第二，信息资源系统内的各要素、各子系统间相互依存、相互制约，这种依存和制约关系是通过大系统这个整体相联系的。

第三，整体的信息资源系统具有一定的特性和功能，这些特性和功能并非各要素、各子系统特性和功能的简单叠加，设置合理的信息资源系统，其整体功能应该大于各子系统功能的算术和。

第四，信息资源系统存在于社会环境之中，并与环境进行物质、能量和信息交换。一方面，信息资源系统受到社会经济、政治、科学、文化、教育各种因素的影响和制约；另一方面，它又向社会提供信息资源，以其特有的作用促进社会的发展。

信息资源系统的客观存在及其特征，正是运用系统理论解决信息资源建设问题的基础。

（2）运用系统理论和方法研究信息资源建设。

系统的整体性原则是信息资源共建共享基本的方法论基础。从系统理论观点来看，信息资源共建共享的目的就在于充分发挥信息资源系统功能的放大作用，使大系统的功能大于子系统功能之和，这是系统的整体性原则决定的。系统的整体性原则为信息资源共建共享提供了以下几点启示：必须建立信息资源保障体系；信息资源保障体系必须有明确的系统目标，并能保证系统总体的最优化；信息资源保障体系的运行必须与社会环境相适应。

系统的联系性原则为信息资源体系结构研究提供了理论依据。系统的联系性原则是指系统要素之间、系统和环境之间存在着相互联系、相互作用的关系。联系性原则和整体性原则密不可分，它要求我们在考查任何对象时，都要从整体出发，把重点放在系统要素

---

① 钱学森等.组织管理的技术——系统工程［N］.文汇报，1978-09-27.

的各种联系上，从各种联系中综合考查事物，从而从整体上正确揭示事物的性质和发展规律。系统的联系性原则，要求提高信息资源系统的功能，不仅要注意提高组成信息资源系统的各要素的素质，而且要注意改善信息资源系统的构成、组合状况。

系统的有序性原则对信息资源组织的理论有指导意义。系统的有序性原则是指组成系统的各要素之间相互联系和制约的关系是有规律、有秩序的。系统的有序性，是系统有机联系的反映。系统中稳定的联系，构成系统的结构。系统的有序性越高，系统结构越严密，系统的功能就越强；反之，系统的有序性越低，系统结构越松散，其功能也越差。

系统的有序性要求图书馆要依据一定的技术方法和规范，对采集的信息资源进行加工、整序。经过程序化的处理过程，才能成为馆藏信息资源体系中组织化、序列化的组成部分。当某一要素出现控制失误时，不会影响到其他子系统的正常运行，对整个系统的运行也不会产生太大的影响，有利于及早地发现问题、解决问题。

（二）信息资源建设中信息整序理论的运用

信息的有序化是整个自然、社会有序化进程中的一部分，是加速自然、社会有序化进程的重要因素，耗散结构论、协同论和突变论从普遍的意义上，解决了一个开放系统如何从无序走向有序的问题。因此，信息整序理论也就成为信息资源整序的基础理论。

1.耗散结构论

耗散结构论是比利时布鲁塞尔自由大学教授伊里来·普里戈金提出来的。所谓耗散结构，指一个远离平衡态的开放系统，通过不断地与外界交换物质、能量，在外界条件的变化达到一定阈值时，从原来的无序的状态转变为在时间上、空间上或功能上的有序状态，这种远离平衡情况下所形成的宏观有序结构，就称为耗散结构。耗散结构论的基本思想：一是系统必须处于远离平衡状态，只有系统远离平衡状态时，才能形成有序结构；二是系统必须是一个开放系统，在外界的作用下，才能形成新的有序结构；三是系统内部各要素的相互协作，才能使系统从无序变为有序。信息系统正是一种耗散结构系统，它是一个远离平衡状态的开放系统，具有输入、输出、多次循环及反馈等开放性的基本特征。因此，耗散结构论成为信息资源整序的基础理论之一。

信息系统是一种耗散结构系统，它具备耗散结构的条件。信息系统原本无序，这种无序程度的存在及增长对信息的交流与利用造成了极大的障碍。那么信息系统要自觉地形成一个有序的结构，并使其内部结构产生的障碍逐步减少，就必须与外界环境进行交流，不断地改变系统输入、输出和转换的过程，以抵消系统内部障碍的产生和增长，促使系统障碍减少，从而推动信息系统形成非平衡态的有序结构。

2. 协同论

协同论是由联邦德国斯图加特大学教授、理论物理学家赫尔曼·哈肯于1976年提出来的。协同论论述系统从无序到有序和从有序到无序相互转变的条件和规律。协同论认为，千差万别的系统，尽管其属性不同，但在整个环境中，各个系统间存在着相互影响而又相互合作的关系。其中也包括通常的社会现象，如：不同单位间的相互配合与协作、部门间关系的协调、企业间相互竞争的作用，以及系统中的相互干扰和制约等。协同论的协同机制、自组织原理和规律性等基本原理为建设信息有序化理论体系提供理论指导。

在信息资源建设中，信息的有序化是信息资源建设的最基础、最核心的部分。从信息的生产、收集、组织，到信息的交流和利用就是一个从无序到有序的过程，可以用协同论来指导、建设信息有序化理论体系。

3. 突变论

突变论是由法国数学家雷内·托姆于1972年提出来的。突变论是现代数学的一门新兴学科，其基本理论是：解释事物从一种稳定状态跃迁到另一种稳定状态的现象与规律，并用形象而精确的数学模型来描述和预测事物的连续性中断的质变过程。突变论表明质变可以通过飞跃的方式实现，也可以通过渐变的方式实现，因此，突变论为信息组织理论的发展与完善提供了理论基础。

在信息资源建设中，突变论方法可以用来研究信息对社会的影响、对知识结构改变的影响，以及进行信息系统的设计。

三、信息管理理论的运用

（一）文献老化理论与信息资源建设

文献的老化是一个必然的、普遍的社会现象。探求文献的老化规律，寻求描述文献老化的正确方法和指标，具有重要的理论和现实意义。所谓文献老化，是指随着"年龄"（文献出版距今的时间）的增长，文献的内容日益变得陈旧过时，逐渐减少或失去其作为情报源的价值，越来越少地被读者或用户所利用。对文献老化速度的量度主要有两个，即文献半衰期和普赖斯指数。

1. 文献半衰期

为了衡量已经发表的文献的老化速度，1958年美国科学家贝尔纳在其发表的《科技情报的传递：用户分析》一文中，借用放射性元素衰变过程中的"半衰期"这一术语来描述文献的老化率。1960年，美国图书馆馆员伯顿和凯普勒合作，共同研究科技文献的"半衰期"。他们对文献半衰期下的定义是：现有活性文献中一半的出版时间。所谓"现有活性文献"，指的是某学科现时尚在被读者利用的文献，而半衰期就是指这些正在被利用的文献中一半是在多长一段时间发表的。因为半衰期与某学科文献中的半数失效所经历的时间相当，所以可以通俗地说文献半衰期就是各学科被利用的文献总量中，一半文献失去利用效率所经历的时间。

文献的老化是一个非常复杂的问题，它不仅取决于这些文献所属的学科性质，而且还受到文献增长、时代特点、人类需要、社会环境和情报需求等许多因素，特别是文献类型和性质的影响，比较成熟、稳定的学科的文献要比新兴学科文献的半衰期长。同一学科的各种类型文献也有着不同的老化速度。科学专著要比期刊论文、科技报告、会议文献等的半衰期长，经典论著要比一般论著的半衰期长，理论性刊物要比通讯报道性刊物的半衰期长。

需要注意的是，文献的半衰期不是针对个别文献或某一组文献的，而是针对某一学科或专业领域的文献总和而言的。

2. 普赖斯指数

1971年，美国科学家D.普赖斯（Derek John de Solla Price）提出了一个衡量各个知识领域文献老化的数量指标，即"普赖斯指数"，就是在某一知识领域内，把年限不超过5年的文献引文数量与引文总量之比作为指数，用以量度文献老化的速度和程度。其计算公式为：

P（普赖斯指数）=出版年限不超过5年被引文献量/被引文总量

通常情况下，某一学科领域文献的普赖斯指数越大，其半衰期就越短，其文献老化的速度就越快。

普赖斯指数和文献半衰期是两个既有联系又有区别的衡量文献老化的指标。它们都是从文献被利用的角度出发，但以不同的方式来反映文献老化的情况。文献半衰期只能笼统地衡量某一学科领域全部文献的老化情况，而普赖斯指数既可用于衡量某一学科领域全部文献的老化情况，也可用于衡量某种期刊、某一机构甚至某一作者和某篇文献的老化情况。

（二）零增长理论与信息资源建设

零增长理论又称为稳定状态理论，是指导图书馆信息资源建设的重要理论，也是一种控制图书馆藏书量增长的理论。1975年，英国大学拨款委员会公布的阿金森报告对这一理论进行了权威的解释：零增长理论就是要求建立有限规模的图书馆，在图书馆达到一个可靠的目标（馆藏量、功能等指标）之后，剔除馆藏文献的速度应当等同于购进文献的速度，即图书馆新购入的文献资料只是对准备剔除文献资料的相应补偿，馆藏的实际增长数量为零，从而使图书馆收藏的文献总量保持一种相对稳定的状态。

实际上零增长理论并不成熟和完善，具体实施的办法和标准还存在不少困惑与疑难，但这一理论对信息资源的借鉴指导作用却不能忽视。主要表现在：

第一，零增长理论可保证文献信息资源建设稳定、和谐地发展。根据当前图书馆藏书基础还比较薄弱、发展失控或数量盲目增长的实际情况，在借鉴零增长理论时，要正确处理好藏书数量与质量之间的关系，在提高藏书质量的同时，实现藏书数量的低速或适度增长，保证文献资源建设稳定、和谐地发展。

第二，零增长理论可用于指导图书馆藏书的初选工作。初选工作具有很强的知识性和学术性，它是对文献信息的知识内容和情报价值的鉴别和选择，选择的结果将对图书馆藏书的质量起决定作用。根据零增长理论的要求来加强藏书的初选工作，要有针对性地、认真地收集和选择文献信息，尽量避免不必要的文献信息被补充进馆藏中，要真正把好图书馆藏书的入口关。

第三，零增长理论可用于指导图书馆藏书的复选与剔除工作。依据零增长理论的要求，要经常性地对入藏的文献信息进行复选，及时剔除知识老化、陈旧破损、过时失效、复本过多、利用率低下的馆藏文献，使馆藏文献信息更加精练，改善并提高内容质量、构成质量、利用质量，始终保持馆藏文献信息的生命力。

第四，零增长理论可以优化文献信息资源共享的质量。零增长理论实施的前提条件之一就是要有合作利用馆藏、资源共享的机制，在读者文献信息需求日益多样化、复杂化的今天，单靠某个馆进行文献信息资源建设与服务，是绝对不能做好服务工作的。因此，应把零增长理论应用于实践中，广泛开展信息资源建设的协调与合作，建立一定数量的中心图书馆和贮存图书馆，切实做到分工入藏、合作利用、资源共享，充分满足读者的信息需求。

（三）信息资源建设中信息管理的相关基础理论的运用

1.信息自组织理论

信息自组织是信息组织方法的拓展，是信息组织理论研究中的一项新课题，凡是能够不再借助于外部控制而能实现从无序到有序的转变，并维持稳定有序状态的系统，就称为自组织系统。任何自组织系统都是通过谐振、反馈和放大完成信息增强，并保持有序效应的。信息自组织是指作为信息系统组成要素的信息，由于人与人之间、人与系统其他要素之间存在的相关性、协同性或默契性而形成特定结构与功能的过程，也就是信息系统不需要外界指令就能自行组织信息，自我走向有序化和优化的过程。近几十年来，由于信息总量的持续增长、信息技术的飞速发展，信息系统显著地具备了自组织的条件，特别是网络信息已经具有自组织系统的开放性、远离平衡和非线性相干等特征，因此，研究信息自组织理论对于信息资源的组织尤其是网络信息的有序组织具有非常重要的理论与实践意义。

2. 元数据理论

元数据一词最先出自美国航天局（NASA）的《目录交换格式》（DIF）的手册中。元数据的定义在不同领域有不同的理解。在图书信息界，对元数据的定义是："它是提供关于信息资源或数据的一种结构化的数据，是对信息资源的结构化的描述。"[①]从某种程度上讲，元数据理论是针对信息组织而言的。

3. 知识组织理论

知识组织产生于图书馆学、情报学的分类系统和对叙词表的研究。不同于传统的文献整理以文献加工为本位，旨在提示文献的知识内容，知识组织以知识单元为加工本位，它不仅提示文献的学科、主题内容，而且注重提示文献的知识单元。利用这一理论，将信息中所包含的知识内容用语词和概念进行标引和组织，能更全面和有效地对现代信息资源进行组织和检索。

第三节　图书馆信息资源建设的原则

一、实用性原则

实用性原则也称相符合原则或针对性原则，宏观方面要求信息资源建设单位必须从国情出发，其信息资源建设的战略目标应同我国的科学、教育、文化事业及国民经济与社会发展目标相适应，既考虑到信息资源建设要有超前性，又不能无限超越经济发展允许的速度和规模，搞脱离客观需要和客观条件的冒进。利用有限的经费建立我们国家完备的信息资源保障体系，微观方面要求各信息资源建设单位必须切合以下三个方面的实际需要，有针对性地进行信息资源建设即切合本单位、本地区用户的实际需要。

（一）切合本单位的实际需要

在信息资源建设中，应以各图书馆的具体情况和实际要求为依据，有目的、有计划地进行信息资源建设。国家图书馆、公共图书馆、科学和专业图书馆、高校图书馆等各种类型图书馆，其办馆性质、任务、用户均有所不同，这就要求各种类型图书馆建设与之相适

---

① 赵洁等. 高校图书馆信息资源建设研究 [M]. 北京：海洋出版社，2018.

应的馆藏信息资源体系。

（二）切合本地区的实际需要

信息资源建设应面向社会，面向本地区的经济和文化建设，为本地区的经济文化建设服务。因此，各信息资源建设单位要针对本地区的实际需要，结合本地区经济和文化建设的方向和特点，重点采集一些符合本地区经济建设和文化建设的现实需求和长远需求的各类信息资源，形成具有地方性的馆藏特色和重点。

（三）切合用户的实际需要

满足用户需求是图书馆信息资源建设的出发点和最终归宿。随着用户需求的日益多样化和个性化，图书馆的信息资源保障不可能面面俱到，只能在一定范围内予以最大限度的满足。因此，在信息资源建设中既要保证重点用户的信息需求，又要兼顾一般用户的信息需求。

二、系统性原则

（一）知识的系统性

任何学科门类的知识都是人类经过不断探索、积累、发展才逐步形成完整的科学知识体系。因此，在信息资源建设中就必须注意学科信息资源的系统性，对某学科的信息资源进行系统地选择和组织。

（二）出版物的连续性

各类出版物都是有计划地出版的，尤其是各类丛书、丛刊、多卷书和时效性较强的报纸杂志等连续出版物，通常是按照一定的时间周期出版的，一方面，为信息资源建设时连续系统地收集信息资源提供了条件和保障；另一方面，也要求在信息资源建设时要制定长期采购计划，以保持文献自身的连续性。

（三）学科的完整性

科学技术的发展日新月异，各学科的发展也越来越完善：一是学科发展越来越细，二是学科联系越来越密切。学科发展的这两个特点要求在信息资源建设中应注重学科内在的延续性和完整性，要反映学科发展变化的特点和规律，有重点地进行信息资源采集，体现馆藏信息资源的科学价值。

三、特色性原则

（一）学科特色

学科特色是指馆藏某类或某些类学科文献比较系统完整，能基本满足该学科领域独立研究的需要。如：内蒙古大学图书馆的蒙古学、宁夏大学图书馆的两夏学、四川省图书馆的中国古医药等。

（二）专题特色

专题特色是指馆藏某一类或某些专题文献比较系统完整，能基本满足某专题领域独立研究的需要。相对来说要比学科文献面窄，一般中型图书馆均能根据需要形成文献专题特色。如：湖南吉首大学图书馆的沈从文研究，苗族、土家族研究。

（三）地方特色

地方特色是指馆藏有关本地区政治、经济、文化、艺术、社会风土、人物、自然状况等方面的文献比较系统完整，能为科学研究和本地区政治、经济和文化教育发展提供信息参考。地方特色主要表现在县以上公共图书馆。大学图书馆根据学校的学科建设需要，也可形成地方特色，如：西北师大图书馆的西北史地、山东曲阜师大图书馆的孔儒文献、新疆大学图书馆的新疆地方文献等。

（四）民族特色

民族特色是指馆藏有关某一民族历史、文化、语言的文献系统完整，能基本满足对某一民族研究的需要。它也同时表现为学科特色、专题特色、语种特色和地方特色。对于以某个民族为学科研究对象来说，它就是学科特色或专题特色；对于有语言文字的民族来说，它也表现为语种特色。如：新疆大学图书馆的维吾尔、内蒙古大学图书馆的蒙古学文献等。

（五）文献类型特色

文献类型特色是指馆藏某一类型文献，如：专利文献、会议文献、学位论文、产品样本、标准文献等比较系统完整，能基本满足用户对某一文献类型的查阅。如：北京大学图书馆的"北京大学学位论文"专藏、上海科技情报所的专利文献收藏等。

（六）文献语种特色

文献语种特色是指馆藏某一学科或专题文献在某一语种方面（外语或少数民族语言）比较系统完整，能基本满足用户在某一语种对某一学科或专题研究的需要。如：香港图书馆的英文书籍、澳门图书馆的葡文书籍等。

四、合作性原则

信息资源建设的合作性原则是实现信息资源共享的重要途径。在信息资源建设的合作中，各参与单位应共同制定有关共建的目标、规范、任务、责任、权利、义务、方法和程序等方面的相关政策，以保持各参与单位的利益平衡，并积极地履行规定的责任和义务。客观上要求各信息资源中心能够通过分工协调，建立各具特色的馆藏信息资源，并将本馆的馆藏纳入地区、全国乃至全球的信息网络中，从而建立起功能强大的信息资源保障体系。

高校图书馆信息资源体系是按照统一规划、统一标准、统一管理的原则构建的，各图书馆馆藏信息的采集必须以本校所设专业为重点，以相关学科信息为补充，形成重点突出、层次鲜明的"信息塔"结构。收集的信息要形成完整系统，相同类型信息要保证其内容的连贯性，不同类型信息之间要保证体系的整体性，使馆藏信息资源从整体上能通过不断的建设成为一体。

第四节　图书馆信息资源建设的评价

一、信息资源建设评价概述

信息资源建设评价的实质，不仅仅在于认识评价对象（客体）本身的特征属性与规律，而是要进一步认识客体的价值属性。简言之，就是根据一定目标，系统地收集与信息资源体系相关的信息，通过分析解释，对信息资源客体的实用性和效益性做出客观的评价。

无论是微观的还是宏观的信息资源建设，总要遵循一定的方针、原则，按照一定的规划去进行。这些方针、原则及规划都是在特定时期的特定思想指导下形成的，是总结实践经验的产物，必然要受到当时特定条件和认识因素，如：认识水准和认识能力的制约，其正确性和实用性要通过后续实践才能得到检验。但是，信息资源建设方案实施过程中要受到各种主观和客观因素影响，不可避免地会出现对既定方针的偏离。唯有评价，才能对各方面的属性进行检测，找出既定目标与实际效果之间的差异，为控制信息资源建设过程和开展科学决策提供客观依据。正是由于这一原因，评价才构成了信息资源建设的重要组成部分。

评价既是社会信息需求的需要，也是图书馆信息资源自身发展的内在需要。信息资源建设评价的功效体现在四个方面：通过评价建立一种水准点，以此测定图书馆信息资源建设的现有水平层次；通过多馆评价对比，建立馆际对比的空间序列，基于横向比较找出本馆存在的问题和差距，获得新的思维方式和新的发展思路；通过评价，获得馆藏信息资源的价值信息，有利于对图书馆投入与产出的关系开展进一步分析；通过评价，建立一种馆藏发展的时间序列，从纵向上了解馆藏信息资源建设的发展变化过程，找出馆藏发展的最佳质量点，为年度建设措施的调整提供科学依据。

总之，评价的目的是获得决策依据和改进工作质量。失去这一特定目标，评价则毫无意义。基于此因，可以将信息资源建设评价的内涵概括为四个方面：系统地收集信息资源建设的相关信息，依据定性与定量相结合的评价方法对收集到的信息进行解释分析；对信息资源的保障能力和信息资源建设的工作质量做出评判；依据评价结果制定调整策略和改进措施；促进信息资源建设的深层次发展。

二、信息资源建设评价的方法原理

（一）系统性原理

任何系统都是有结构的，系统整体的功能大于各孤立部分功能之和。没有结构，仅由孤立部分堆积组成的整体不能称其为系统。图书馆信息资源建设作为一个大系统，内部结构有序、严密且复杂。其整体中包括许多组成部分，每部分可被看作分系统或子系统，每个子系统受到许多因素的制约，系统之间又具有相互依存、相互作用、相互影响的关系。因此，在进行信息资源建设评价时，必须应用系统性原理，特别是关于系统结构的每一个局部最优之和不等于整体最优的思想，采取系统分析的方法，围绕系统的总目标，全面研究各个相关因素的作用及其对整体质量的影响，建立起信息资源建设评价的层次结构体系，力求从整体的角度去全面考查建设的质量。

（二）反馈性原理

任何系统只有通过反馈信息才能实现控制。缺乏信息反馈的系统，要实现系统控制是不可能的。对信息资源建设进行质量评价，实质上就是通过科学分析的方法获得全面的、系统的反馈信息，并与所要控制的目标进行比较，找出既定目标与实际效果之间的差异，实施对信息资源建设各个环节的有效控制。同时，也可根据这些反馈信息对原定方针、原则和规划进行判断，分辨出正确的、错误的和有缺陷的相关部分，为馆藏目标的进一步完善、修正和发展寻找突破口，也为下一轮信息资源建设的科学决策提供客观依据。

（三）优选性原理

实施评价的目的是优选。实现信息资源建设规划和总目标靠的是优选决策，实现某个局部建设目标也越来越多地依赖于方案优选如何从众多的备选方案中选择出技术上可行、经济上合理、社会效益又好的总体最优方案，这是决策之前必须解决的一个重要问题。信息资源建设评价，就是为达到这一目的而进行的努力。通常，优选性研究主要通过两种途径：第一种途径是从不同类型的多个方案中开展优选，第二种途径是从同一方案的不同决策中选择最优方案。信息资源建设方案优选则融这两种途径于一体，如：信息资源建设的总体评价属于后一种优选方式，而图书馆文献询价采购方案优选则属于前种优选类型。

（四）有序性原理

系统由较低级的结构逐步转变为较高级的结构，称之为系统的有序递进。适时有序的信息资源建设评价是系统有序递进的前提。所谓有序性，就是按照一定的标准（或称评价指标体系）和一定的程序，以特定的时间间隔，对特定时间段内信息资源建设状况进行评价，以求从时间序列上展示信息资源建设循序渐进的发展变化过程。

（五）定性问题定量化决策原理

信息资源建设评价的核心问题，是要寻求馆藏与需求的统一，找出质量上最优、经济上合理的最佳方案，提高馆藏的利用程度。为了达到这一目标，必须对涉及的诸多因素进行权重分配以得出明确的综合数量概念，以便进行确切的分析比较。目前，定量与定性有机结合的评价体系已成为一种理想的模式。图书馆计算机化、网络化环境的不断优化，为利用计算机和数学建模技术来构建信息资源建设状况的定性—定量评价方法体系提供了极大便利，开展相关影响因素数量化评价的条件已经成熟。当然，信息资源建设是一个复杂的循环过程，不可避免地会存在一些难以量化的因素，如：信息资源组织与加工深度、信息资源对读者需求的满足程度、信息资源利用效果及共享化程度、社会效益和经济效益等。对此，应采取相应的定性描述，通过定量与定性的有机结合来达到综合性评价的目的。

三、信息资源建设评价的类型

（一）按质量要素分类

根据质量要素，信息资源建设评价可分为单要素质量评价、多要素质量评价、整体质量综合评价三种类型。

1. 单要素质量评价

评价对象包括图书馆信息资源建设质量评价体系中的各项要素，如：馆藏学科文献信息覆盖率、信息资源利用率、用户需求满足率等。由于每一个质量评价要素都代表了馆藏质量的某一方面，所以单个要素可独立用作单项质量考评的标准。

2. 多要素质量评价

信息资源建设涉及图书馆自动化建设、网络化建设、文献资源建设、数字化信息资源建设等方面，每一方面的质量保障又涉及多个评价要素。这些质量要素的联合，构成信息资源建设评价的子系统，每个子系统又构成了局部质量评价的组合标准。

3. 整体质量综合评价

信息资源建设涉及信息收集、组织、整序、开发和管理等活动，结构复杂，要素众多，系统以整体形式构成对用户信息需求评价的保障功能。要了解信息资源体系的状况、功能及其发挥情况，就需要进行整体质量的综合评价。因此，综合评价对于指导馆藏发展规划和策略调整、文献经费预算和分配、馆藏发展过程控制及信息资源保障能力的提高等，都将起到不可替代的作用。但是，这种评价形式工作量大，难度也高。

（二）按评价时间分类

根据时间要素，信息资源建设质量评价可被分为回顾性评价和现状评价两种类型。

1. 回顾性评价

回顾性评价是根据历史资料对一个图书馆过去一段时间内馆藏建设质量所进行的比较性评价。通过评价，可以从时间序列上揭示馆藏信息资源建设的发展过程，了解馆藏建设政策调整的力度和最佳质量点，为信息资源建设策略的制定提供历史性比较依据。从俯向上看，整个信息资源建设循环过程似乎都在一个圆环上转着圈子。实际上，信息资源建设发展过程在时间上表现为波状起伏，忽上忽下，忽左忽右。任何一年度的馆藏建设过程都不会是原来意义上的反复，整个过程是一个不断完善、修正和趋向完美的变化过程。透析这个过程，有助于科学合理地规划和把握图书馆信息资源建设的方向。

2. 现状评价

现状评价则是采用信息资源建设质量综合评价体系，对当年馆藏整体质量进行评价。评价结果可揭示馆藏信息资源建设的现状，为制订下年度整体规划和建设策略提供依据。

（三）按评价范围分类

我国信息资源建设，在整体上称之为宏观建设，涉及的基本活动单位为单个图书馆，区域性活动单位一般是指省、市或者大区等。在整体化信息资源建设的进程中，经常涉及区域范围的质量评价问题。因此，根据评价范围要素，信息资源建设可分为微观评价、中观评价和宏观评价三种类型。

微观评价是指单个图书馆的信息资源建设质量评价，可反映基本活动单位的建设情况。中观评价是指地区性、行业性信息资源建设质量评价，是地区、省、市或行业部门等中等范围内信息资源建设情况的反映。宏观评价是全国性的信息资源建设评价，可反映我国整体信息资源共知、共建、共享的效果。

微观、中观、宏观的三个范围，实际上也是我国信息资源建设的三个不同层次。信息资源共知、共建、共享的整体效应，依赖于这三个层次的相互支撑、相互协调、相互融合而得以实现。

四、评价指标体系的组建

评价指标体系的建立没有统一可行的模式可循。一般来说，应根据实际情况，对不同评价对象和评价目标采取灵活的处理方式。总体上来看，在建立信息资源建设评价指标体系过程中应该把握以下四点：

（一）明确评价意图

明确评价意图，首先就是要搞清楚评价的对象是什么，评价要达到什么目的。如前所述，即使是同一评价对象，但如果评价目的不同，对评价的理解及所涉及的内容就可能有所不同，所建立的评价指标体系也会有所差异。作为产品，投资者最关心的是经济效益，效益评价就成了产品评价的主要内容。作为科研项目，科研人员最关心的是项目的可行性和预期效果，希望通过项目评价来论证他们的研究成果。

（二）筛选测评指标

与被评对象有关的因素很多，有的起着主导作用，有的只起次要作用。选择什么样的测评指标才最符合评价对象和评价目的，这是建立评价指标体系的关键一步。一般原则是看其在评价过程中所起的作用大小。在筛选测评指标之前，可以先对评价对象进行全面调查分析，对所有相关因素都尽可能做到胸中有数，然后再对松散状态的指标进行重要性比较和排队梳理。其中，极重要、重要的因素都可选作测评指标。对于那些对评价结果不产生影响的因素，以及仅仅具有较小的影响作用，或者说评价价值较低的因素应予以排除。

此外，测评指标要选多少，相关性要涉及哪一层次，也需认真考虑，要恰当地限定指标的数量和层次。一般认为，应以尽量少的主要指标运用于实际评价工作。如果指标数量太多，层次过于烦琐，反而会因轻重不分、主次不明而降低评价的准确度。同时，也会加大评价的工作量。如果指标选择太少，过于粗略，则不能反映评价对象的本质特征，达不到良好的评价效果。

（三）建立评价指标体系

指标的集合是松散的集合，不理顺它们之间的相互关系，不形成一个互为关联的体系，就无法做出正确评价。所以，筛选出评价指标后，还必须建立指标的结构体系，使各项指标元素之间形成质的联系。可以采用层次分析法中的递阶层次结构模型，以指标间相互制约关系为纽带，建立起相关树状的层次结构指标体系，这也是当前采用的行之有效的方法。但要注意，在所形成的评价指标体系中，各项指标都必须依照其支配关系而存在，而且只考虑一种主要的支配关系，不允许出现指标循环制约关系。

（四）检验与优化

建立任何评价指标体系，都不可能一蹴而就，必须通过实践检验，并根据实际情况进行必要的修正。信息资源建设本身就是一个反复深化、不断创新的过程，评价指标体系也要随着建设体系的变化而不断完地善和优化，才能始终保持指标体系的客观性与实用性。

第三章 图书馆特色资源建设研究

第一节 图书馆特色资源概述

一、特色资源

按照《现代汉语词典》的解释，特色就是事物所表现出的独特的色彩、风格等。

在《辞海》里面，"特"被解释为"独""杰出的"等，"色"被解释为"颜色""景象"等，进而人们可以将"特色"理解为独特的、优秀的色彩和风格。

有学者将"特色"定义为"特色者，个性也"和"稳定的个性风貌"；也有人认为，所谓"特色"，就是高水平，就是"非我莫属""舍我其谁"①。

尽管人们对"特色"的各种解释不尽相同，但从一般意义上，可以这样把握，"特色"是事物所表现出来的独特的、优秀的个性风貌，也就是指一定范围内该事物与众不同的独特风格，它是由事物赖以产生和发展的特定的具体的环境因素所决定的，是其所属事物独有的。同时，需要注意的是，特色不是永恒不变的，而是一个不断发展、富有动态变化内容的与时俱进的概念。现在的特色以后也许就不再成为特色。

特色资源也就是"有特色的资源"，是图书馆资源这一整体之中有特色的那一部分。因此，特色资源是图书馆资源的有机组成部分。

二、图书馆特色资源类型

（一）信息特色资源

随着科学技术的发展，信息化代表着现代图书馆的发展方向，信息资源在图书馆资源中占有越来越重要的地位。图书馆特色资源也日渐信息化，以崭新的面貌呈现在读者面前。信息特色资源既包括实体资源，也包括非实体资源，是图书馆特色资源建设的主体。当前通常意义上讨论的图书馆特色资源建设，也以信息特色资源为主体。

---

① 蔡莉静，鄂丽君.现代图书馆特色资源建设 [M].北京：海洋出版社，2012.

（二）服务特色资源

服务特色资源是一种图书馆非实物资源，它无处不在，在细节上体现着图书馆的风格和特色。各个图书馆推行特色服务是现代图书馆特色化趋势的重要表现。服务特色资源体现了一个图书馆在服务方面的特色，是图书馆特色资源的有机组成部分。

（三）环境特色资源

环境特色资源主要指图书馆建筑本身的特色。

图书馆伴随人类文明的发展一路走来，世界各地已建立起不计其数的图书馆，许多图书馆已经成为一个区域或一所学校标志性的建筑，成为人类建筑遗产和建筑文化的组成部分。甚至有人认为，一座图书馆，其实就是一个国家或一个城市的历史。牛津博德利图书馆的哥特风、"四本书"造型的法国国家图书馆，许多图书馆独特的建筑特色给人们留下深刻的印象。这些特色带有城市和国家的历史印记，并与图书馆特色相得益彰。图书馆建筑本身，包括其内部结构，也是图书馆资源的有机组成，无所不在地体现着图书馆独有的特点，因此人们不能忽略图书馆建筑特色在图书馆特色资源中的地位，它无疑也是图书馆特色资源的一部分。

图书馆特色资源便是一个图书馆所收藏的文献信息资料具有自己独特的风格。这种独特主要有两层含义：一是指一个图书馆拥有独具特色的部分馆藏，二是指一个图书馆总的馆藏体系具有与众不同的特点。在实践中，当前已经建设的图书馆特色资源通常符合第一层含义。

从人类活动的行为与动机来看，图书馆特色资源的形成是行为的结果。考查行为的动机，人们可以从被动与主动两个方面进行分析。

被动因素是指图书馆的服务性。服务功能是图书馆的基本功能，这种服务基于用户的需求，以满足用户需要为目标，用户有什么样的需求，图书馆就要据此提供什么样的服务。虽然在发展和反思中，图书馆的服务变得越来越积极主动，但服务始终要围绕用户的需求，两者的关系始终不变。

主动因素是指图书馆的社会职能。保护人类文化遗产是图书馆传统的社会职能，自图书馆伴随人类文明共同发展起就一直肩负着保存人类文化典籍的重任。《图书馆服务宣言》开篇有言：图书馆是通向知识之门，它通过系统收集、保存与组织文献信息，实现传播知识，传承文明的社会功能。这种保护和传承的社会职能并不完全向外诉诸用户需求，而是向内反思自身的管理，是主动去践行的职能。

着眼于被动因素，从内容与特征的角度，可以将图书馆特色资源概括为图书馆针对其用户的需求，以某一学科、专题、人物，某一历史时期、地域特点等为研究对象，依托该馆已有的馆藏信息资源，对更多文献信息资源进行收集（收集）、整理、存储、分析、评价，并按照一定的标准和规范进行组织、管理，使其成为该馆独有或他馆少有的资源。它是该馆区别于他馆，且具有该馆独特风格的信息资源。

三、图书馆特色资源的特征

图书馆特色资源的特征通常体现在以下四个方面：

第一，"人无我有"，即独特性或特殊性，这是特色资源的本质表现，也是图书馆特色资源最根本的意义所在，它是图书馆特色资源存在的生命力和内在动力。

第二，"人有我优"，即杰出性或优质性，这就要求将图书馆特色资源不断进行优化，在质量上有突出表现。

第三，"人优我新"，即开拓性或创新性，这意味着图书馆特色资源不是永恒不变的，而是发展变化的，需要不断进行创新，获得可持续性发展。

第四，"人缺我全"，即系统性或完整性，这就要求图书馆特色资源在具备并且保障质的前提下，争取量的广度，建立较为完善的系统资源。

四、图书馆特色资源产生的背景

（一）图书馆读者需求

随着我国高等教育的发展和民众文化素质的提高，不论高校图书馆还是公共图书馆大众化的馆藏资源的有限性越来越明显，越来越不能满足广大高校师生和普通民众的科研和学习需要。在这种情况下，人们需要图书馆进行新的布局和新的资源配置。

人类历史发展经验告诉我们，推动某一事物向前发展的真正动力，莫过于社会对该事物的强烈需求。图书馆特色资源，正是应对社会的需求而产生的。

对效率和效能的追求是图书馆特色资源产生的推动力。旧的图书馆资源格局在效率至上的现代社会显得落后、低效，用户对资源的利用率低，查找成本高，已经不适应社会的发展。对效率的本能追求推动图书馆打破僵局，锐意改革，提高效能。同时，由于各种文献价格大幅上涨及其他等诸多因素，经费紧缺的图书馆越来越陷入窘境。为更好地满足读者的文献要求，部分图书馆采取保品种减复本、保期刊减图书或保中文减外文等文献购置的权宜措施。这些方法实践起来往往力不从心，也没有收到满意的效果。如果加强图书馆特色资源建设，图书馆就可以集中经费购置特色文献，减少非特色文献的经费开支，从而使有限的经费发挥出更大的效益，缓解经费紧缺的矛盾。这一现实也迫使图书馆从根本上寻求解决问题的方法。

（二）图书馆资源不均衡性和稀缺性

不论何种资源，在分布上都不是均衡和平均的。彼与此质的差异和量的多寡导致特色的形成，需求则催化了稀缺性的彰显，结果往往造成争夺，而争夺的结果又会导致稀缺性的加剧。图书馆掌控的资源量是有限的，当图书馆某些资源的稀缺性日益明显，特色便令人瞩目起来。从这个意义上讲，图书馆特色资源的产生可以归结为图书馆有限资源的不均衡性和稀缺性。

（三）社会生产力发展带来的广泛影响

人类文明发展的过程也是知识的增长和积累的过程。随着知识爆炸时代的到来，信息量激增，单个图书馆的有限馆藏信息资源已经远远不能满足人们对信息的需求；同时，不论是纸质文献还是电子文献在数量上都浩如烟海，加上馆藏成本上涨和图书馆经费有限，任何一个图书馆都不可能，也没有必要对所有文献进行全面收藏。单纯追求馆藏体系的完备，以期自给自足地满足读者的需求是根本不现实的，也是不可能的。图书馆的馆藏不可能再按照"大而全""小而全"的老路走下去。为了充分满足广大用户对特色资源的需求，为了提高自己的生存竞争力，图书馆必须加强特色资源建设。唯有如此，图书馆才能在激荡不停的社会变革中拥有稳固的立足点，才能吸引读者的目光，受到读者的青睐，焕发勃勃生机。

在新的社会环境下，图书馆的价值不再单纯以其拥有的馆藏规模和广度来衡量，而是以它为读者提供所需信息的能力来衡量。图书馆要想在新的信息环境中求得生存和发展，并彰显自己的优势和价值，唯一的出路就是建设好特色资源，并充分利用其特色资源为学校教学科研和地区经济建设服务。

（四）哲学思考带来的思想转向

按照文化哲学的观点，多元化、平面化已成为时代发展的特点，国际化、全球化、知识经济和跨文化是21世纪塑造当今世界的四种相互作用的力量。这四种力量投射到图书馆资源的发展上面，就是多元化及协作共享。在这种思想指引下，图书馆改变死板单一的模式，对馆藏、服务等多方面进行全面反思，发掘特色资源、建设特色资源，既改变了格局的单调守旧，又加强了与外界的联系。把图书馆资源看作平面，特色资源就是突出的一个又一个点；不同的图书馆建设自己独特的特色资源，图书馆资源逐渐变得多元化。以特色资源为基础和内容加强共享，也是促进图书馆跨领域协作的过程。

第二节 图书馆特色资源建设的基本内容

随着文献信息的传输速度的飞速发展，现代文献信息资源已形成了印刷型文献资源和数字型信息资源并存的格局。在网络环境下，这二者因其各自所具有的优势，在图书馆信息资源体系中发挥着各自的特殊作用，互存互补，共同发展。因此，图书馆特色资源建设也应该从这两个方面进行。

一、印刷型特色资源建设的内容

（一）印刷型文献的特点

1. 阅读灵活、携带方便

印刷型文献以纸质材料为载体，携带方便，适合在任何环境和任何时间阅读。阅读数字期刊须具备计算机和网络的连接。虽然笔记本电脑也可以提供这些方便，但持有者不多，不能解决多数人的阅读问题。

2. 对读者的知识和技术要求不高

读者浏览数据库文献时，还要受到软硬件设备等因素的限制。阅读数据库文献须具备计算机和网络方面的技能和相应的检索知识。而阅读印刷型文献，只要使用者识字，并具备一定的专业知识，就可阅读某一专业的印刷型文献，至于那些通俗性、娱乐性、消遣性的印刷型文献就更不用说了，老少皆宜。

3. 符合人们的阅读习惯

印刷型文献已有上千年的历史，其墨与纸的对比度大，分辨率高，字符、图像等稳定性强，色彩效果好，人们已习惯将书捧在手中感受那种亲切实在，也习惯阅读它；纸质文献便于持久、系统、反复地利用，从而使科研成果得以不断积累和长久保存。

数字化文献的浏览方式与纸质文献相比，多数读者只是喜爱数字化文献的检索方式，并不是浏览方式，因为长时间盯着计算机，会对眼睛造成很大的伤害。一般读者只在检索的文章里快速浏览，对特别需要细看和引用的文章，通过打印的方式转换为纸质文献，可以随意对照比较、圈点批注等。可见即使数字化文献带来了新的阅读方式，也无法对传统阅读方式造成冲击。而且计算机屏幕比较刺眼，谁也不可能长时间盯着看，其辐射对人体健康影响远比印刷型文献大。

（二）印刷型特色资源建设内容

图书馆要全方位地突出特色资源建设，以自己的特色文献为地区经济和科研需要及培养专业技术人才服务。各级图书馆在发展建设馆藏印刷文献结构时应把利用率高的资料及专业性强的学科文献作为本馆收藏的重点。在采购新书前，应在广泛征求各专家意见的基础上，有选择、有重点地购买与某一专题特色配套的学科文献，包括必要的基础文献、相关的各类有影响的特色藏书、常用专业工具书等，不断地优化与完善馆藏资源，从而形成具有本馆特色的馆藏信息资源，使图书馆成为有特色、有专题的图书情报中心。

1. 保持印刷型文献特色和优势

要继续保持印刷型文献较数字文献所具有的明显特点和优势。印刷型文献具有明确的办刊宗旨和较成熟的稿件征、审、校制度，印刷出版发行程序规范、严谨、有效，具有较高的质量与信誉；具有连续性和完整性，真实、快捷地描写和记录着时代文化和科技事业的发展历程，文献查阅可靠、便捷；符合人们的传统阅览习惯。因此，在图书馆特色资源建设中，要不断丰富馆藏资料，继续保持用户对文献资料的传统阅读习惯，提供读者间交流的阅读环境和工作人员的直接辅导，还可充分发挥人与人直接交流、服务形式的可选性与互动性、原始文献的可得性的优势，满足社会不同阶层的需求等。

2. 充分发挥印刷型文献的基石效能

图书馆在文献采集中兼顾纸质文献、数字化文献和其他载体文献，兼顾文献载体和使用权的购买，保持了重要文献和特色资源的完整性，注意收藏有关的出版物和学术文献。以专业特色为依据，以原始收藏为基础，构建具有馆藏特色的馆藏体系。

现代图书馆拥有丰富的特色馆藏资源，各个学科领域的中外文图书、报纸杂志、多媒体光盘、音像资料等，还有一些特色文献，如：博士、硕士论文都是收藏的重点。各图书馆每年都有大量国内外相关学科的最新书籍、刊物补充进来，丰富的特色馆藏资源正是那些渴望信息、渴望知识的读者的知识财富。图书馆馆藏特色资源信息技术的广泛应用而带来的新环境和新需求是现代图书馆发展的驱动力。现代图书馆有明确的教育性、专业性和学术性，须结合本馆的资源设置、地区经济、文化特点和发展目标等特点，通过纸质文献与数字化文献、实体馆藏与虚拟馆藏、馆际互借与资源开发的结合，逐步建立起具有特色的馆藏资源体，使馆藏信息资源配置合理化、数量最大化、质量最优化和利用高效化，从而满足读者对特定知识的需求或实现某些特定的目标。

3. 健全各类传统特色馆藏，传承文化精髓

传统特色信息资源是图书馆在传承人类历史文明和传播文化过程中沉淀下来的文化精髓，它能清晰地反映出本地区的历史渊源、文化特色和风土民情。收藏、开发和利用这些文献资料传播历史文化知识具有非常重要的历史意义和研究价值。这些文献还是公共图书馆特色数字资源的建设依据，它具体包括地方报刊、重要文件、地方史志、地方统计年鉴、大事记、地方人著述的文献及其研究作品等。

4. 加强艺术类馆藏文献的建设

由于艺术类馆藏文献的特殊性，不能全部演化成数字化资源，如：人们欣赏的书法、绘画都是表现在纸上，作者用"若飞若动""若愁若喜"的笔势只能在纸上自由而酣畅地抒发情感，读者从纸质印刷文献上才能充分地领会其构思及艺术造诣，从而得到美的感受。而用电脑写出的字、画出的画再好，也反映不出各派的风格。

5. 补缺特殊文献馆藏建设

由于某些文献如盲文类刊物不能演化成电子型文献，只能转变成印刷型文献。因盲人无法看见计算机上的信息，靠手触摸来阅读印刷型刊物更适合他们的实际需要。还有一些特殊文献资源在构建特色馆藏中要不断地采集存储，如：汕头大学图书馆开展了口述历史资源的采集、开发利用活动，作为特色馆藏资源建设的重要渠道；暨南大学图书馆收集华人华侨的学术著作、学术印刷型文献、侨报、社团纪念特刊、会刊、社团简报等，开展华人华侨特色资源建设。除此之外，如果把众多名老中医带授学徒的口述内容通过录音方式保留下来，加以整理，建设成口述特色馆藏数据库，必然会在将来的中医研究工作中发挥非常重要的作用，等等。

6. 国家珍贵的文化遗产永久保存

从历史和文化保护价值上看，印刷型文献经历了漫长的发展历程，其中不乏国家珍贵的文化遗产，具有特殊的学术价值、历史价值、经济价值、法律价值，需要长久保存，也要求永久存在，而不能仅将其内容数字化变成数字型文献。

二、数字化特色资源建设的内容

（一）图书馆特色数据库建设的关键

由于特色资源建设关系到图书馆未来的生存和发展，因此各图书馆务必要集中人、财、物等有利条件，有重点、有针对性地突出与强化自己的特色，以使馆藏文献具有鲜明

的个性和独特的风格，其关键是要形成以下六大特色：

1. 突出馆藏结构特色

所谓馆藏结构特色，就是要根据本校的办学特点、办学规模、专业设置、重点学科及专业的教学、科研工作需要，根据本馆的教育对象、经费投入、读者需求特点及地方经济和科学文化的优势，科学、合理地确定馆藏文献的收藏比例（一是文献类型比例，是指印刷型文献、数字化文献及其他类型文献的收藏比例；二是文献梯度比例，是指普通文献、重点文献、专业学科文献的收藏比例），对文献信息进行重点收藏与重点建设，形成独具特色的馆藏文献信息资源，并逐步调整和优化馆藏结构，以使各类文献优势互补、协调发展，进而形成独具特色的系统、完整、统一的本馆实体资源和虚拟资源馆藏体系。由于各地区的学科设置、所处地域与人力资源结构不完全相同，各数字图书馆都会形成自己的特色馆藏结构资源。

2. 突出服务特色

文献收藏是文献开发利用的基础。图书馆的服务工作，必须是在有所"藏"的情况下来开展的。读者服务贯穿素质教育特色，图书馆直接或间接地参与了"教书育人，管理育人，服务育人"的活动，体现在推荐书刊、解答咨询等活动中，并通过馆员日常的言传身教对读者施行潜移默化的影响。

3. 突出资源共建共享特色

随着用户信息需求的不断增长及网络数字资源的迅猛发展与昂贵的资源购置费形成尖锐的矛盾，要满足用户的信息需求，扩大自身生存空间，必须走共建共享的道路，特别是公共图书馆，其数字资源建设经费严重不足，根本无法依靠自身的力量满足用户多层次的信息需求，因此必须利用共建共享集团及其他协作单位的资源为用户提供合作服务。联合社会力量，增强资源采集、制作、维护能力，使资源质量得到优化，有品质、上档次。

4. 突出高校特色

学校特色主要是指以学校教育教学、科研成果为特色。主要是指各高校主办或承办的正式出版物、师生公开出版发表的各类文献或具有研究价值的非正式出版物等所形成的独一无二的特色资源，主要包括以下五类：一是师生撰写编译的各类图书、论文及书法、绘画、摄影作品、设计软件等，二是学报、校报（刊）及学生社团、图书馆创办的各类刊物和报纸，三是教师及各类专业技术人员承担的地（厅）级以上的科研项目，四是学校主办或承办的各级学术研讨会的会议文献，五是优秀教师和精品课程的教学影像资料等。对以上各类文献，图书馆要全面、系统地收藏，以形成学校的收藏特色。

5. 突出地域特色

地域特色主要是指以区域特色和相关人文环境为特色，如：高校所在地过去与现在的地方史志、大事记、统计年鉴、风土人情、地方政治经济、教育、文化名人、名胜古迹、民间习俗、历代贤达著作及其研究作品，以及反映地区经济和文化发展的出版物。对这类特色文献，图书馆要选择性地进行收藏，主要采集那些质量较高、有实际利用价值、真正体现地方特色的文献入藏，如：华南热带农业大学图书馆的"中国热带农业文献数据库""国外热带农业文献数据库"等。

6. 突出数字资源特色

数字资源虚拟与现实相结合。数字图书馆大量的数字化信息存储在无数个磁盘存储器中，通过计算机网络连接形成的一个联机系统。因此，与传统图书馆相比，它占用的物理空间相对很小，就解决了图书馆日益增长的各类文献资料、书籍采购收藏空间不足的问题。数字资源建设能大量收藏数字形式的信息，除了纸介质的书刊资料外，还收录其他一切可以数字化的信息，如：视频、音频资料、计算机程序等，可以满足读者的多种需求。

数字资源建设最重要的一点是建立以中文信息为主的各种信息资源。这将迅速扭转互联网上中文信息缺乏的状况，形成中华文化在互联网上的整体优势。数字图书馆还是保存和延续发展民族文献遗产的最佳手段，所有的珍贵资料都可以经数字化处理后，将原件保存在更适宜的环境中，而数字化的资料由于实现原件的复制，可使这些珍贵文献在受到保护的同时，得到更充分的利用。

图书馆数字资源建设扩大了读者范围。普通图书馆因为读者对象与地理位置的限制只能为少数人服务，数字图书馆则允许人们自由查询。利用图书馆数字资源的用户可以不和图书馆的工作人员直接见面，而是通过网络与图书馆联系，图书馆专业人员通过电子邮件及电子咨询台与用户联系。图书馆的服务质量取决于软件设计、图书馆专业人员对用户回应的速度和质量、数字化信息的制作、网络的传播速度及人性化界面的设计等；用户也可以直接通过计算机登录图书馆的主页，随意浏览、查询、下载、打印有用的信息。

（二）图书馆特色数据库建设的内容

1. 自建特色资源

图书馆自建特色数据库是CALIS（中国高等教育文献保障系统）文献资源及数字化建设的重要内容，1998年11月，CAMS启动了特色数据库资助项目，首批资助了25个特色数据库，目前已经取得了初步的成果。除此之外，部分CALIS所属高校图书馆还开发了或者正在开发类似的特色数据库。各高校图书馆必须联系本馆实际，面向未来进行科学合理的规划，既要以实体馆藏资源建设为基础，又要以整合、开发和利用网上虚拟资源为补充，更要走信息资源共建共享之路。只有这样，才能赢得读者、赢得市场。

各图书馆由于学科建设侧重点不同、所处地域不同，对特色资源的建设也不一样。各图书馆为了满足教学与科研人员在教学和科研工作中的需要，大多数都建立了自己的特色数据库，如：上海交通大学数字图书馆自建了"上海交通大学学位论文数据库""机器人信息数据库"，湖南大学数字图书馆自建了"金融文献数据库""书院文化数据库"，这些图书馆对富有特色的文献进行收集、分析、评价、处理、储存，并按照一定标准和规范将本馆特色资源数字化，以满足用户的个性化文献信息需求。各图书馆如何构建自己独具特色的文献信息资源数据库，如何构建能反映高校学科重点和图书馆特色馆藏的特色资源数据库已成了当前高校数字图书馆建设的首要任务。

特色文献建设要一边收集，一边数字化。数字化最简单的办法，就是把图书馆购买的特色数字图书、全文数据库及网上免费特色资源收集出来，整理序化，再把其他资源数字化地融合，申报课题，进行相关研究。对特色文献建设进行相关的方法研究，只要方法正确就能事半功倍。

2. 引进特色资源

目前，自建特色资源数据库需要花费很大的人力、物力和财力，对资源的开发与利用还存在很大的盲目性，重复建设的现象比较普遍，更新速度比较慢，采集到的相关信息不够全面和完整，开发整理的范围也不够宽。对此，图书馆应当有选择、有计划地引进高质量的中文与外文数据库，使之尽量做到中外文书目、文摘等二次文献数据库覆盖本校所有学科与专业，力求做到重点学科专业全部购买，兼顾其他专业，扩大合作范围。例如，清华大学图书馆引进的中文数据库有"中文科技期刊库（全文版）""万方数据资源系统""中文社科引文索引"等。清华大学图书馆还引进了数字出版物，如：各种数字期刊包括中国科学杂志社数字期刊、中国期刊网、维普中文科技期刊库等，各种数字图书包括超星电子图书、书生之家电子图书、百万册书数字图书馆（原古籍民国电子图书）等。

3. 建立特色导航系统

建立特色导航系统是对图书馆特色资源建设的有效补偿。构建图书馆特色知识导航系统关键在于如何建立一系列有效的知识服务运行机制来使图书馆在知识经济时代选择最有利行动，使博弈双方互动相容，实现其知识导航功能。一般来讲，图书馆组织的员工会将自己拥有的专门知识及组织拥有的知识作为组织的核心竞争优势来获取对服务对象的特别服务。因此，如何有效地进行人力资源管理、知识共享，倡导员工把个人知识转变成为组织知识，把组织知识转化成服务对象的知识，通过组织知识的不断传播来增强组织的服务

能力是成功实施图书馆特色知识导航系统功能的关键。

（三）图书馆特色数据库建设的类型

1. 具有高校特色的数据库

各高校应以教学科研需要为依据，以资源共享为导向，有针对性地重点选择建设符合当地学校所设置的相关学科专业的特色资源数据库。这些数据库一般分为以下五种类型：

（1）学位论文特色数据库。学位论文是指高等学校或研究机构的学生为取得学位，在导师指导下参阅大量文献，经过反复实验及调研所撰写的研究成果。每年各高校都有一批硕士、博士论文，其中不乏具有高学术价值的论文。硕、博士论文体现了各高校的学科特色，收藏这部分文献是高校图书馆特色文献建设的重要内容。目前，许多学校已经开通了在线提交系统，建立了本校的硕、博士论文数据库，累积多年的教学成果，建立一个独特的有知识产权保护的原生资源库，为希望获取学术信息的用户提供一个方便查询与学术交流的途径，从而起到推动教学科研交流和促进发展的作用。同时，这些论文将给学生带来许多参考价值，指导学生规范论文写作，引导学生进行文献检索，十分便利。

（2）教职工科研成果数据库。高校教职工的专著一般都是结合教学和科研信息的需要根据社会发展与经济建设的需求，在充分利用本校藏书体系的基础上撰写而成的。这些科研成果理应受到高校特别是作为学术性机构的本校图书馆的珍视与收藏。我国高校文库的建设始于20世纪80年代后期。其中，较早的有北京大学、中国人民大学、河北大学、河北农业大学等。初期的文库，仅限于保存印刷本的实物，近年来，随着计算机和网络技术的发展及在图书馆中的应用，文库建设也走向了数字化阶段。一些数字文库相继诞生，如：中国人民大学、浙江大学、北京大学的数字文库等，尤其是中国人民大学的数字文库，已形成全文数据库。高校文库的发展趋势是实物收藏展示和全文数据库并存。

（3）重点学科特色数据库。重点学科特色数据库是根据学校的某重点学科，或某特定主题，或交叉学科和前沿学科，能体现某学科特色的资源，全面收集各类相关类型的资料，整理加工的数据库。学科特色数据库是专业文献资料特色数据库，收集重点应突出专业特色，包括本专业的国内外核心期刊、科技期刊、教材、参考书目、学术会议资料及其他报刊中有学术价值的专业文献，图书馆收集这些资料后可以自己进行加工整理，也可以直接引用现成的专业文献特色数据库。该数据库因内容丰富、系统完整，对教学和科研能带来极大的便利，也属于馆藏的重要特色资源。例如，上海交通大学的机器人信息数据库、石油大学图书馆的石油大学重点学科数据库、武汉大学图书馆的长江资源数据库、上海财经大学图书馆的世界银行资料数据库、哈尔滨工程大学图书馆的船舶工业文献信息数据库等。

（4）开发考研信息数据库。近年来，随着考研人数的增加，要求查找考研信息的学生逐渐增多，且具有年级偏低、查找时间不确定等特点。他们迫切需要了解全国各高校的招生情况，特别是研究方向、导师情况、考研课程及参考资料，但这些资料往往都是临近报名时才由研究生处转来的，不能满足广大同学的需求。为了让同学们早日得到这些信息，各高校开辟了考研信息咨询园地，由专人对网上考研信息进行收集、加工，将与本校专业对口的专业招生情况和参考书目及时整理出来，并通过校园网发布，读者既可上网查询，也可到图书馆阅览室查询，很受学生欢迎。例如，北京邮电大学博导信息数据库、北方工业大学的特色数字资源就包含了考研专业参考书库、四六级英语题库等。

（5）影音光盘特色数据库。现如今，越来越多的书籍会附赠一张随书光盘。这便于读者更直观地获取知识，从听觉和视觉两个方面来满足需求，生动活泼。但光盘经常借出容易损坏、丢失，占用储藏空间大，且无法实现资源共享。这就要求图书馆搭建一个良好的平台，把具有馆藏特色的影音资料，随书光盘中的视频、音频、图像、文字进行数字化转换、编辑、压缩等技术处理，储存在计算机网络服务器上，形成电子阅览。建此类特色数据库须保护作者的知识产权，尊重他们的劳动成果，今后这一特色资源数据库将成为数字化图书馆的核心部分。

2. 突出地域特色的数据库

地域特色的数据库是指反映各地区各方面情况的正式出版或非正式出版的各种文献数据库，它包括介绍本地地理、历史、风俗、民族、经济、文化、人物的各种典籍；本地政府所制定的各种法规、政策，本地名人的书籍及手稿；本地主要企业发展的情况通报、产品介绍等。这些文献资料可以反映本地各方面的发展历史及现状，地域特色浓厚，资源具有鲜明的区域性，其建设也是公共图书馆特色数字资源建设的重要内容。各地区应根据地理、历史、经济和文化特点对本地区信息资源做完整系统的采集入藏，最终形成具有鲜明特色的地方文献数据库。内容全面、功能强大的地方文献数据库更能支持和推动本地经济、文化等各项事业的均衡发展，因此建设地方特色文献数据库是非常必要的。

3. 建立地方人文、历史类特色数据库

（1）本地区研究数据库（历史、现状、人文、风俗）。一般是由数字化的书目数据组成的。读者要了解有关本地区的历史、地方志中有关这方面的记载，就可通过书目数据提供的检索途径，查找地方文献数据库进行全文检索，从而获得有关信息。

（2）地方名人数据库。内容为地方名人的生平、回忆录、著述目录、述评等。对于其中有特殊研究价值的名人，可追加全文数据、照片数据等，并通过计算机处理使之数字化。

（3）古籍数据库。是包括本地区的全部古籍、地方文献的专题数据库。由于古籍珍贵，特别是孤本，不便于读者实物查阅，可采取光电扫描技术，建立全文数据库。

（4）地方特色数据库。包括本地区最具特点、最具美誉度的内容。例如，建立地方农业种养业方面的数据库，种养业历来存在地域性，地方差别较大，可以将反映当地农业方面的种养技术、生产情况记录入库。

（5）图片数据库。图片数据库既形象又翔实地揭示了当地的文化内涵、历史风貌、民俗风情、地区变革，为读者了解、研究该地区提供了一个良好的使用平台。对于记录本地历史、对外宣传本地特色都具有积极的意义。

4. 深化其他专题特色信息资源库

专题特色信息资源库是根据图书馆读者特定需求而建设的特定主题资源，具有很强的针对性和广泛性，如：复旦大学图书馆承建的全国高校图书馆进口报刊预定联合目录数据库、清华大学图书馆建设的全国高校图书馆信息参考服务大全、西南财经大学图书馆的期刊篇名数据库等。

专题特色信息资源还可以建立在学科特色信息资源的基础之上，也可根据重点学科的专业方向进行跟踪信息服务，对学术前沿进行透彻地分析、研究，预测未来的发展趋势，用新观点的潜在价值、深层次内涵揭示等内容来建设数据库，将信息提供给读者。

第三节 图书馆特色资源建设的原则与方法

一、图书馆特色资源建设的原则

（一）实用和特色原则

从本质上说，数据库只是工具层面的东西，实用和具有特色才是其目的。建设特色数据库，应体现具有图书馆的特色。所以在确定选题时应注意：特色资源建设的项目选题是否注重面向地方社会经济和教学科研发展的实际需要，同时也从读者使用、读者数量和特色资源质量的角度，优先保障重点学科，最大限度地满足用户需求。

（二）共享和先进原则

所谓信息资源共享，是指在特定的范围内，在平等、自愿、互惠的基础上，通过建立图书馆与其他相关机构之间的各种合作和协作关系，利用各种方法、技术和途径，共同建立和共同利用信息资源。特色数据库是文献资源保障系统建设中的重要内容，在用户信息需求不断增长及网络数字资源迅猛发展的形势下，要满足用户的信息需求，扩大自身生存空间，必须走共建共享的道路。图书馆进行数据资源建设时，要根据现有的资源状况结合本馆的优势和特色，在对信息资源进行深度开发的基础上建设自己学科特色的专题信息资源数据库，才能实现资源优势互补和最大限度地实现信息资源的共享。建设数据库时，要考虑数据库是否代表当地水平，在国内外有无较高学术价值，能否在较长时间内保持国内领先地位；对某重点建设项目、重点学科建设的文献保障，是否具有填补空白的作用，对社会发展和经济建设有无促进作用。图书馆之间必须加强沟通和合作，进行交流达成资源共建共享之共识，通过合作进行大规模的数据库建设，避免重复建设。打破各部门各自为政的局面，实行分工协作，联合建库。在建库过程中，一定要采取先进的规范和技术，按元数据标引格式规范、文献著录标准、检索功能等一系列标准要求来建库，最终达到与全国图书馆实现资源共建共享的目标。

（三）标准化和通用性原则

数字资源的加工和数据库的建设存在着一系列的数据格式标准和元数据规范。建库前必须注意：为了实现资源有效共享，各承建单位在项目建设中必须遵循通用性与标准化原则，必须遵守网络传输协议、数据加工标准和有关文献分类标引著录规则等要求，采用具有规范化的特色库援建模式和标准化的数据格式、库结构及检索算法，确保数字化产品的通用性和标准化，从而为共建、共享创造条件。根据国家有关文献著录和标引原则，统一的著录标准、标引方式，按照《中国图书馆分类法》（第五版）对文献进行分类，对《中国文献编目规则》进行著录，并按照《中国分类主题词表》进行主题标引。尽量增强文献标引的深广度，扩大检索点，设立途径的检索方式，完善索引，规范机读格式，努力提高建库质量。除采用已有的国家标准外，还要注意同国际接轨，加强国内外检索的通用性。

（四）系统性和准确性原则

信息资源建设过程中要注意文献信息资源的系统完整和各类信息资源之间的相互联系，保障重点学科，兼顾其他学科，逐步完善学科覆盖面，从而形成合理的信息资源建设体系。同时，也要考虑准确性，加工数据时应采取科学、严格的质量管理办法，而且一定要采用准确的原始信息即一次文献，尽可能避免错误，提高引用率和检准率。从可持续发展的角度来说，特色资源数据库还须经常性地更新和维护。平时要多收集数据库在使用过程中的反馈信息，及时对数据库内容进行替换、删除、修改和整理，确定合理的更新周期，使用户最早获取最新信息，以保持特色资源的生命力。

（五）安全性与可靠性原则

图书馆在数字资源建设时，要对大量的数字资源进行加工、存储、传递和管理，并利用网络为众多的终端用户提供各种信息服务，因此系统的安全性十分重要。所以在建设过程中既要选择技术成熟、性能安全可靠的信息存储设备，又要采用先进的网络管理系统，确保网络系统的安全性和数据的可靠性。

（六）分工协调原则

从全局出发，统筹规划、分工合作、合理布局，有重点地进行资源建设，体现整体优势，以管理中心为基础构建二级联合保障体系，形成具有较强整体功能的信息资源体系。

（七）产权保护原则

建设一个数字图书馆必须尊重信息资源知识产权系统，以避免麻烦。数据库的建设是一项系统工程，知识产权保护是其核心内容之一。知识产权保护贯穿于数字资源加工、组织、管理、传播和使用的各个环节。特色文献数据库的建设应根据不同类型文献存在的法律形态，充分尊重不同著作权人的授权意愿，采取区别对待的原则，为信息资源的有效共享与利用奠定基础。特色数据库的建设必须严格遵守国家知识产权保护法，所有数据来源要产权清晰，发布的一切信息必须符合知识产权保护的要求。

二、图书馆特色资源建设的方法

（一）印刷型特色资源建设的方法

1. 开发利用印刷型特色馆藏，发挥其学术价值

特色馆藏藏品的经济价值非常高，其学术研究价值更不应该被忽视，应开发、利用和真正发挥其学术价值。我国各高等院校图书馆都拥有数量不等的特色馆藏，但校外研究者对其利用率比较低。因此，高等院校图书馆应解放思想，广泛宣传特色馆藏，使其得到广泛利用。

2. 争取资金支持，走可持续发展道路

俗话说"巧妇难为无米之炊"。因此，图书馆的特色资源建设，首先要保证有足够的经费。只有经费到位了，才能全面、系统地采集到符合本馆特色的文献，充足的资金是特色馆藏建设的根本。

3. 培养一批高素质的特色资源管理专业人员

人才是保证特色数据库建设的关键。面对新技术的应用，各图书馆要坚持以人为本，把工作放在本馆馆员自己力量的基点上，把培养人才、建设队伍、提高人的素质放在第一位。特色数据库建设的过程也是一个锻炼人才、培养人才的过程。在提高素质的同时，特别要加强对计算机技术、信息开发技术、网络技术等方面内容的培训和学习，不断提高信息处理和使用技能，使数据库建设人员和维护人员尽快成为数字资源加工与管理、系统开发与维护、知识产权使用与保护及特色数据库组织运营与管理等方面的专业人才。

首先，要指定专业水平高、责任心强、具有开拓创新精神的馆员负责该项工作，以保证入藏文献符合本馆特色要求；同时，还要广泛征询广大师生员工的建议，群策群力，做好文献采访工作。

其次，应培养特色馆藏馆员队伍，设立特色馆藏部。培养特色馆藏馆员是建立特色馆藏的基础和前提条件之一。特色馆藏建设需要一支专业性非常强的馆员队伍。特色馆藏馆员除了掌握图书情报专业知识外，还需要具备一定的历史和考古知识，具备对特殊藏品，如：古籍、艺术品的鉴别收藏能力和搜寻珍品的特殊技能，以及超强的实践能力与孜孜以求的工作热情。设立特色馆藏部可在组织机构上得到保障，既能体现图书馆领导对特色馆藏工作的重视，也使特色馆藏工作制度化。

4. 聘请专家落实管理质量

特色馆藏资源的数字化、特色数据库的选题与建设、特色网络资源导航系统的建立，都不能缺少专家的积极参与，他们是图书馆网络化资源建设的智囊和顾问。当然，在充分肯定专家在文献资源建设中的重要作用的同时，必须认识到，各学科的专家、教授往往偏重于自己所研究的领域，对馆藏资源的整体性往往缺乏全盘考虑，这不利于馆藏文献资源体系的协调发展。因此，文献采购人员必须对来自专家的信息综合分析，总体调控，在文献资源建设总原则的指导下，统筹安排，精心采集，使各学科文献的比例更趋于合理。

图书馆采购人员长期从事图书采购工作，一般有着丰富的经验和基本的学科背景知识，但是他们不可能熟悉整个学校所有学科的教科研领域的文献，对众多学科的课程也不可能一一了解清楚。有了专家学者的参与，可帮助采购人员掌握更多的学科专业知识，拓宽采购人员的视野。这有利于图书馆文献采购人员对文献的科学价值和利用价值做出准确的判断，从而保证入藏文献的质量。

（二）数字化特色资源建设的方法

1.做好选题调研工作，提高特色数据库的质量

特色资源的质量是整个馆藏特色化建设生命力的体现，只有特色资源质量得到保证，才能实现其建设的真正意义。选题是特色资源建设的关键环节，国内外建设成功的特色馆藏，往往选题精准。首先要有一个明确的主题，除了要在馆藏方面有较大的优势外，还要对此专题有较为全面的了解。这样建设出来的数据库才有自己的特点，有竞争能力，而且可以避免浪费。要综合考虑所在高校和地区的需求来选定，一个好的特色化选题可以达到事半功倍的效果。在选题上除了考虑本馆服务对象和馆藏特色以外，还要做详细的调查研究，要掌握所选项目在国内有无重复或类似，要掌握数据量能否达到一定规模，还要考虑到用户需求量的大小。不局限于以项目建设特色数据库，也可以根据馆藏特色和特定用户需求由本馆支持自主建立特色数据库。

2.挖掘重点学科和地域性主题，制订合理详细的计划

每一所图书馆都有自己的重点收藏目标，高校图书馆应根据学校的学科特点、馆藏原则及读者需求等因素来确定文献特色化目标。要在充分了解馆情的基础上，制定符合本校学术研究需要的选题。这是特色馆藏建设取得成功的先决条件。

从地域性文献角度开展特色馆藏建设有诸多优势，如：本地人才优势、本地传统文化优势等。目前，国内外开展地域性主题特色馆藏建设具有代表性的有香港大学收集香港历史、社会生活和疆域的出版物及香港出版的书刊等，形成"香港特色馆藏"；美国斯坦福大学利用其位于硅谷的地域优势，收藏"苹果电脑"等公司的档案，建成"公司"档案特色馆藏；我国的中医药文献经过长期发展也形成了非常鲜明的地域性特色，"北看天津针，南看江西灸"反映的就是具有浓厚地方特色的中医药主题；天津大学的摩托车信息特色资源数据库群，摩托车设计构造并不是天津大学的优势学科，但天津大学依托CALIS专题数据库建设的契机，经多方分析确立了这个选题方向。地方文献和地域特色文献也是等待图书馆采集的一笔宝贵财富，任何地区形成的独具地方特色的文献都是其他地区不能取代的，开发和利用好地方特色文献，一方面可以为涉及地方风土人情、历史沿革等相关研究提供宝贵而丰富的资料；另一方面，也可以为开发地方旅游业、发展地方经济提供信息支持。事实上，地方特色文献的开发已经受到大多数图书馆的充分重视，成为特色化馆藏建设中的一大亮点。要深入挖掘与探讨此类地域性文献主题，构建特色鲜明的地方性特色馆藏。

除了要深挖地域主题外，图书馆特色资源建设能否有成效，方案的制订也是至关重要的一步。为此，各图书馆务必要搞好调研，并根据本馆、本校、本地区、本系统乃至全国的实际情况，制订出一个科学合理、切实可行的特色资源建设方案，同时要加强组织落实，以促进图书馆特色资源建设。若要建好特色资源数据库，必须从工作的一开始就制订好详细的计划。仔细地收集学术价值高的特色资源，整理、加工、分类、发布，每一个环节都要做到位，选择最合适的建库软件及管理软件，以便进行数据维护和信息服务。要考虑建库系统的实用性，操作简单，界面统一，拥有完善的制作流程和相对集中的管理模式。总之，井然有序的安排会减少多余的劳作，方便快捷，提高工作效率。

3. 结合互联网技术，实现信息自动采集

随着计算机网络技术的发展和普及，人类在信息传播和利用上进入一个崭新的世界。超海量的网上信息资源中，蕴含着十分丰富的地方文献。较之传统载体的地方文献，网上的地方文献具有检索快捷、利用方便的特点，是不可忽视的地方文献的新来源。

网络信息采集技术是按照用户指定的信息或主题关键字，调用各种搜索引擎进行网页搜索和数据挖掘，通过 Web 页面之间的链接关系，从 Web 上自动地获取页面信息，并且随着链接不断向所需要的 Web 页面进行扩展的过程。实现这一过程主要是由 Web 信息采集器来完成的。网络信息资源自动采集系统，是实现图书馆数字资源采集"快、精、广"的利器，但要注意版权问题，需要的时候标明转载出处。网络信息采集技术的出现不但解决了图书馆人手不足的问题，而且还可以提高图书馆工作人员的工作效率和服务水平。

4. 以优势学科为依托确定特色，建立特色资源预订数据库

在文献资源建设的过程中，每个馆都必须根据自身的服务指向，在文献内容上明确哪些是必须收集、保存的，哪些是可以利用光盘或数据库及网上资源作为虚拟馆藏的内容，以满足不同学科、不同层次、不同深度的文献需求。如何分清主次，确定重点学科，当然得从调查研究出发，根据所在单位的发展规划和学科队伍现状，摸清馆藏家底，并在文献资源体制的服务指向要求下，为文献的遴选确定符合本单位发展需要、自身服务功能和馆藏文献特色的入藏原则。

在国家图书馆的"多库检索"中，以上述内容作为题名进行检索，同样在本馆的自动化系统中进行查重，本馆没有的就重新建立预订记录，按"字段名格式"，复制、粘贴国家图书馆的完整 MARC 记录。另外，可以利用图书供应商及其他图书馆提供的网上检索平台获取预订数据。例如，中国图书网、超星、书生电子图书、中国互动出版网、卓越网、当当网、珠江三角洲数字图书馆联盟、九羽电子图书、银符考试平台、多媒体库等网上资源，它们有着丰富的特色资源数据，只要善于利用，就能淘出许多宝物。只要图书馆馆员牢牢树立文献馆藏建设就是最大限度地满足教科研和读者需要的观念，持续做好资源整合管理工作，一个具有丰富的特色文献资源的图书馆，就一定会出现。

5. 坚持特色，优化资源配置

特色数据库的建设需要人力物力的持续投入。学校若能够增加对图书馆的经费支持当然最好。如果资金有限，就要做到资源的合理配置和利用，建设"专而精"的具有特色的文献资源，实现效益最大化，如：在进行数字化时，用来加工的计算机、扫描仪如果比较新，会提高成品的质量，使得生成的文件占用硬盘空间小，清晰度却很高，处理速度快，节约大量时间。同时，图书馆也应充分发挥主观能动性，争取向政府、社会等多方取得支持，可以与其他高校按照地区或性质组合的形式联合购买大型数据库。

6. 重视标准化、规范化建设及维护工作

在图书馆特色化建设中，需要所有图书馆的参与、合作，而且通过网上传输提供服务。这就需要有一个统一标准，各种标准之间需要联系和协调，建立一个完善的相关标准体系，加以严格遵守。标准化工作是图书馆管理中的基础性工作，必须在建立统一合理的标准和秩序的基础上，才能实现对图书馆建设和利用的效率最大化。标准化工作是关系到当前图书馆资源使用和共享的关键因素，如果不按照标准化建设，数字资源就容易出现重复开发和建设、重复投入和使用，造成人力和物力的浪费，同时造成资源信息的冗余。

目前，数字图书馆已经成为全球信息科学高速发展道路上无可替代的信息资源集散地，它采取的跨地域和跨图书馆的在线查询和使用方式，为科学技术的发展奠定了基础，但数字资源的管理有别于传统管理模式，管理的对象也产生了变化，需要一系列严格的技术标准作为依据，包括电子文档的格式、读取、储存，信息网络标准、检索方式标准等，正是由于数字资源的特殊性要求，对数字资源的标准化建设就显得格外重要。

图书馆数字资源建设体系标准化是众多标准的基础标准，是把所有的标准进行融合和整理，进行宏观的调控和管理。该标准需要具备规范化、制度化、体系化等要求。特别是在管理方面，需要图书馆的各职能部门都能够按照统一的标准和规范指导日常工作，实现各系统、各部门、各资源间的协调一致，为建立一个科学、高效的图书馆数字资源管理体系提供标准。

数字资源的标准化建设主要涉及对各项相关技术标准的制定和实施，要按统一的数据格式、数据库建设规则、连续出版物的著录标准进行特色数据库的建设。同时，现已建成的数据库要按统一的标准进行改进，剔除重复数据，合并同专业同种数据库，以确保文献信息在网上快速流通和资源共享。不过由于数字资源的特殊性，标准化制定的种类比较繁多，大致可以分为九类，分别是系统共用平台标准、数目数据库标准、服务体系标准、数据存取标准、资源交流和共享标准、信息传输标准、软件通信标准、文献著录标准及人力资源管理标准。

数据库建设是一项长期性的工作，数据录入的完成并不意味着数据库建设的完成。数

据库建成后，数据修改、数据维护、数据更新等后续工作是保证数据库质量和数据库提供服务的必要手段，不可轻视。在看到数据库不足的同时，要积极地采取措施进行修改和维护，以期使它们发挥更好的服务效果。

7. 锐意创新，提升服务水平

一个馆的藏书特色应该是它长期面向特定服务对象而形成的文献资源收藏特点的概括。其形成根源是读者的需求，是"需求"形成了"特色"。这一规律说明，图书馆的藏书建设是以"需求"为导向，以"特色"为其文献资源结构的表现形式。图书馆必须树立以读者为中心的理念，以满足读者需求为第一要务，在竭诚为读者服务的过程中体现其自身的价值；树立以特色信息服务满足读者需求的理念，根据社会的需要，根据馆藏特色及地区或系统文献保障体系建设的分工，瞄准服务对象，关注特定群体，充分发挥其信息组织的优势，建设特色信息资源，以独特的信息服务满足读者需求；树立与读者动态需求相适应的理念，强化服务意识，更新服务方式、手段、内容及模式，建立起对用户需求快速反应的运行机制，制定特色的服务规范和管理模式，提供特色知识服务，寻求适合时代发展的图书馆特色资源建设思路。

8. 以人为本，提高服务质量和效率

随着信息化、网络化的迅速普及，图书馆网络化建设更是有了飞速的发展，读者对信息的需求不再受图书馆地域、空间和开放时间的限制，他们通过先进的技术设备，远程就能获得他们所想要的信息。为了适应社会的发展，更为了进一步满足读者的需求，图书馆在特色资源建设的同时，要注重特色数据库的研制开发。这样不仅拓宽了读者获取信息的渠道，而且作为一个完整的、系统的特色资源整合，将成为图书馆长足发展的一个亮点。特色资源建设的目的不能只局限在为读者准确地提供某个信息点或知识点，更重要的是要对信息资源进行深入的揭示，为读者提供知识链和信息链的个性化服务，根本目的就是坚持以人为本，提高图书馆的服务质量和效率。

第四节 图书馆特色资源的共建共享思考

一、图书馆特色资源共建共享概述

网络环境为文献信息资源共建共享创造了良好的条件，网络信息资源生产与使用的社会化，对图书馆文献资源的建设产生了重大的影响。当前，大多数图书馆结合自身的馆藏特色、资源优势和区域文化特点，对此进行发掘和深加工，以便于为广大读者提供更多的

特色资源。

（一）图书馆特色资源共建共享存在的问题

在知识经济时代，建立一个能够实现省域内高校纵向贯通和横向联合的特色信息资源共建共享体系，除了面临许多政策、措施、理念、技术及相关理论支持等问题外，还存在以下问题：

1. 知识产权和版权问题

特色数据库建设在信息资源的收集、传播和为用户提供信息服务的过程中，会面临版权问题及知识产权保护问题。从版权保护的角度来讲，对于在版权保护期内的特色信息资源，要尽量和版权人进行必要的协调，既不侵犯版权人的权益，又不乏特色信息资源的收集和利用。对于知识产权问题，图书馆应在遵从国际知识产权秩序的基础上，调整和解决好特色数据库建设与知识产权保护的关系。

2. 特色资源数据库种类繁杂甚至重复

各图书馆对其所建特色资源数据库命名不一，有特色数据库、自建数据库、自建特色数据库等。不仅如此，各图书馆无论是特色数据库还是自建数据库看起来都是内容繁杂、各成体系，没有统一的标准，甚至图书馆之间有特色数据库内容重复现象。混乱的内容和命名系统给特色信息资源共建共享和读者检索利用带来麻烦，重复的数据库内容造成了图书馆资金投入的浪费。图书馆需要利用国际统一标准来构建特色资源数据库，为特色资源共建共享工作节省人力、物力和财力，为用户提供简便、快捷、高效的文献检索系统。

3. 特色资源建设水平参差不齐

特色馆藏是各图书馆的资源品牌，是图书馆开展特色服务的资源基础，也是网络时代图书馆共建共享的资源依托。目前，多数图书馆都比较重视特色资源的建设，但各图书馆特色资源建设的水平却参差不齐。首先，一些图书馆还没有自己的特色资源，或者是一些图书馆已经开始从事这方面的建设工作，但读者现在还无法利用到本馆的特色资源；其次，在已经进行特色资源建设的图书馆中，还有一部分图书馆收藏有特色资源但没有进行建库保存，甚至是有的建有特色数据库却利用率过低；最后，各馆特色资源建设的系统性和全面性方面还存在一定的差距，只是简单地就现有特色资源进行建设，而没有意识到特色资源跟其他馆藏资源一样具有保存和利用价值，因此，在特色资源建设过程中就需要尽可能多地、全面地、系统地收集此类资源，这样才有利于形成特色。

4. 特色资源共享范围受限

在对特色资源数据库调查过程中发现，特色资源共享只是在已达成共享范围内的图书馆之间进行共享，但同时成员馆访问特色数据库也会受到限制。以CALIS地区中心特色数据库调查为例，不是一个地区中心的不可以互相访问，同是一个地区中心的也存在部分成员馆不能访问该地区特色数据库，如：广东工业大学图书馆无法访问华南地区中心的特色数据库，上海海事大学图书馆无法访问华东南地区中心的特色数据库，大连理工大学图书馆只能访问一部分东北地区中心的特色数据库。

5. 特色资源数据库导航效果一般

实践中，只有少数图书馆将特色资源以"特色馆藏"或"特色收藏"置于图书馆主页上，如：北京大学、清华大学等。多数图书馆均把特色资源数据库置于二级类目——"资源导航""馆藏与资源""数字资源"等栏目下。如果是初次访问图书馆网站的读者需要凭经验才能找到特色数据库，这对没有经验的读者来说，准确地查找到所需的特色资源需要一定的时间，不仅浪费读者的时间，也不利于特色数据库的推广，还可能导致特色资源的利用率过低。

（二）实现特色资源共建共享的现实意义

1. 特色资源共建共享是图书馆与时俱进的需要

21世纪是知识创新的时代，知识信息的骤增导致信息承载体的扩大，作为知识载体之一的图书馆，更是面对大量冗余信息的采集、加工和整合，并以此为广大读者提供有价值的信息。同时，科学技术更新速度的加快，使得图书馆不得不紧追时代发展的步伐，不断创新服务方式，以最大限度地满足读者日益增长的信息需求。但是，由于经费、人力和馆舍条件的限制，任何一个图书馆都不可能把所有文献收集齐全、加工整理并迅速传递。因此，图书馆间的合作带来的相互依赖性逐渐提高，图书馆之间走联盟合作发展的道路成为一种新的发展形势，资源的共建共享更是成为未来图书馆的发展趋势。

2. 特色资源共建共享为科研活动提供信息保障

对于从事地域文化研究的专家学者来说，在其科研活动中，需要对特定时期该地域的历史人物、文化遗产、文学艺术等进行了解，需要图书馆给予他们充足的地方文献信息资源帮助。各地图书馆将分散的地方文化特色资源进行收集整理，进行区域内特色文献信息资源的整合，大大满足了研究地方文化的专家学者的需求，使他们在足不出户的情况下，借助网络就可以完成对地方文化历史的研究和利用。不同地区的特色文献资源的共建共享

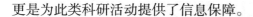

更是为此类科研活动提供了信息保障。

3.特色资源共建共享间接促进地方经济与文化建设

图书馆是人类知识的宝库和人类文献信息资源的中心，担负着为区域经济发展和文化建设服务的伟大使命。没有地方文化的支持，地方经济的发展就缺乏后劲和推动力。地方特色资源反映了该地区政治变革、经济发展、人文文化等发展情况，它在为当地政治、经济服务的同时，通过区域内图书馆特色资源数据库的共建共享，成为宣传本地的一扇窗口，使更多读者方便、快捷地了解该区域各种文化资源情况，加强文化资源对外宣传，从而吸引外商进行商业投资和旅游资源的开发，促进区域经济的发展。

4.特色资源共建共享实现了知识增值

区域内特色信息资源的共建共享克服了长期以来地方文献资源只为当地政府、学者和企业服务的局限，通过共建共享体系，地方特色信息资源可以走出当地，被更多的学者和科研人员了解、熟知并加以利用。在这样一个知识相互传播、相互利用的过程中，知识的价值也随之增加。

综上所述，特色资源馆藏对图书馆馆藏资源及网络环境下信息资源的共建共享起着积极的作用。要在局部与整体、大系统与小系统合作协调的基础上，在资源共建共享的思想指导下，从各馆实际出发，制订本馆可行的具体规划，明确哪些文献是本馆的重点建设，同时也要明确网络资源开发中所起的作用和担负的任务，通过网络信息咨询员弥补本馆信息资源不足的缺陷，建立各馆各具特色的馆藏体系，发挥特色优势。

二、图书馆特色资源共建共享的原则

（一）图书馆特色资源共建共享的指导原则

1.整体性原则

在我国，条块分割的管理体制是信息资源共建共享的最大障碍。由于缺乏总体规划，馆际协调不足，直接导致信息资源建设趋同现象较为严重，数据库及操作平台种类繁多、标准千差万别等问题。为保证图书馆特色资源共建共享长期存在，必须在统一规划、统一布局和统一管理下进行整体化建设。在达成协议的各馆之间要有明确分工，既要各司其职，又要发挥各自特色，发挥整体效益和联合保障的优势。

2.层次性原则

特色资源共建共享从程序上来说应该是先易后难，分步实施。由于我国图书馆事业发展水平不均，应根据区域经济社会发展水平和文化基础设施条件，因地制宜、分类指导，分别制订区域发展目标和具体实施方案。首先，结合本馆的具体情况，建设本馆特色鲜明、与他馆优势互补的信息资源体系，为资源共享打下基础；其次，实现本地区本系统特色资源共建共享，在此基础上或同时以本馆自主行为的形式，主动为馆外提供共享的特色资源和主动争取共享他馆的特色资源；最后，将上述行动与国家中心建设挂钩，最终形成全国范围内特色资源的共建共享。

3. 服务性原则

特色资源的共建和共知，其目的是共享，以服务用户、读者为最高原则。在提供文献服务时，既要提供二次文献，又要提供一次文献，访问可以是直接联网，也可以是电话拨号上网；馆际互借和文献传递可采用E-mail、FTP、FAX、直递、邮寄等多种方式，使其快捷有效。让用户了解特色资源的获取与其他馆藏资源获取具有同样的标准，而不是因为是特色资源就具有特殊的待遇。

4. 开放性原则

特色资源共建要与系统内外部相结合，在立足科研、高校、公共三大系统图书馆的基础上，连接全省，面向全国，有计划、有目的地开展系统内外、省内外的合作与交流，既要广泛吸收利用省内外各种特色文献信息资源，又要广泛为省内外用户服务。在服务系统软硬配置方面，要采用国际通用的开放式操作系统平台技术、网络通信协议TCP/IP技术、面向广域的数据库技术等，保障各馆特色文献数据建设中心计算机网络支撑环境，并保障能在广域网上互联。

5. 效益性原则

任何项目的开展都要考虑建设成本，同样对于资源缺少的图书馆来说，更要注重资源建设过程中的成本效益。首先，要把长远发展与近期需要相结合、国际标准与中国实际相结合，以求实效和快速，确定共建共享的阶段性目标，使特色资源建设逐步推进，不要一开始就求大、求全；其次，要充分发挥已有资源的效益，充分利用资源丰富、条件较好的图书馆的优势，加强馆际多方面合作，避免资源的重复建设，用好有限的资金、人力和物力。

（二）图书馆特色资源共建共享中参建馆遵循的原则

1. 读者满意，服务读者的原则

遵循读者满意，服务读者的原则，协调图书馆与读者用户群之间的利益。信息资源共

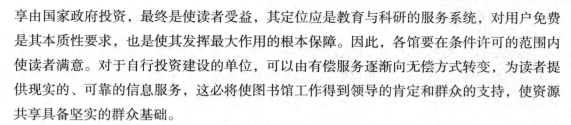

享由国家政府投资，最终是使读者受益，其定位应是教育与科研的服务系统，对用户免费是其本质性要求，也是使其发挥最大作用的根本保障。因此，各馆要在条件许可的范围内使读者满意。对于自行投资建设的单位，可以由有偿服务逐渐向无偿方式转变，为读者提供现实的、可靠的信息服务，这必将使图书馆工作得到领导的肯定和群众的支持，使资源共享具备坚实的群众基础。

2. 平等自愿、互惠互利的原则

遵循平等自愿、互惠互利的原则，协调参建馆自身利益与其他参建馆之间的利益。信息资源共享不是一个单纯的公益行为，信息资源共建共享中的成本和利益是需要考虑的重要因素。信息共享的哲学不是利他主义，而是互惠互利，按照效率优先、兼顾公平的原则，确立各馆是权利与义务均衡的行为主体，激发其参与共建共享的积极性。同时，互惠互利与平等自愿是互为基础、密不可分的，因此，每个参建馆都必须承担向其他参建馆提供资源的义务，也必须分担网络运行和管理的费用。要使特色资源共享得以持续发展，还必须对享受共享服务的用户适当地收取费用。一方面是对资源提供者的一种资金补偿；另一方面，可以通过费用的高低来调控资源的利用，同时也对资源使用者起到约束作用。

3. 维护图书馆内部人员利益的原则

在现代化进程中，业务能力将成为从业者的核心竞争力，支持从业者学习是对其最大的关心，提高其业务能力正是维护他们的根本利益。设立负责特色资源共享的小组来规划、考核这项特色资源共建共享工作，并将图书馆员工在这项工作中的态度与贡献列为其业绩考核的重要指标之一，发挥激励、约束功能，促使全员投入。

（三）图书馆特色资源共建共享中资源选择原则

1. 知识产权保证原则

必须根据相应的法律对特色资源的知识产权进行管理，任何对其存取的可能限制必须通过本单位的现行机制进行有效管理。目前，图书馆特色资源建设主要是针对已有的特色馆藏资源和收集地方特色资源为主，其资源的产权归属有三种情况：一是不存在产权纠纷的资源，这类资源可以自由进行开发建设，如已购买的纸本资源；二是产权归实施数字化机构所有，这类资源在进行数字化之前需要单位内部许可，如购买的数据库资源；三是产权归他人所有，这类资源在数字化之前必须得到产权所有者的书面许可，如收集的地方人物志、家谱等。因此，针对保护共建共享的特色资源应采取相应的数字技术，以保证特色资源建设过程中的知识产权保护。

2. 知识增值原则

特色资源的建设，首先要从原始资源着手，特色资源不仅仅是原始资源的再现，还应该具有价值的增值。影响特色资源的知识价值因素有很多，但主要包括资源的唯一性、相关价值、对相关主题领域理解的重要性、对相关主题领域覆盖的广度和深度、实用性和准确度、特定主题领域中其他载体记录质量差的信息内容、具有强化项目实施的历史价值及资源数字化后潜在的长期价值等。另外，特色文献知识价值也可能包括管理价值、艺术价值、市场价值。但是，特色资源价值增值性判断具有很大程度上的主观性，其结果可能因人而异。

3. 用户保障原则

用户保障的本质就是对特色资源利用率，从理论上讲，图书馆特色资源数字化项目应把有限的资金用在利用率高的资源的数字化上。首先，要对特色资源利用率高的原因进行分析，如果主要用户群体分布在本地，且类似文献又不存在，这类文献的利用率自然可能高，但进行数字化后发布在网络上，其利用率将会如何就比较难以判断；其次，文献利用率有时与文献的知识价值并不一致，有些具有高知识价值的文献由于存放地点和图书馆存取方针的限制或目录的不完整等因素，可能导致利用率偏低；再次，利用率与文献的物理状态也有关系，一些文献的物理状态限制了用户对其访问，如易碎载体的文献、古旧的书稿等；最后，在多馆合作进行特色资源共建中，一些大部头的系列文献分散在各成员单位，那对这些文献的访问率可能较低，但进行数字化后可能形成完整的虚拟馆藏，其访问率就可能提高。

4. 数字保存原则

为了保存需要，特色资源选择时要充分考虑资源的安全数字化，包括原始信息资源的状态允许被完全数字化；特色资源数字化实施过程需要搬运原始资料时，其状态适合于搬运；尽可能扫描原始资源的替代品（如照片），从而减少对原始资源的损伤；被数字化特色资源产品必须建档，并制订由于时间和技术变化等因素导致的长期维护策略。数字保存的另一层含义是保护易碎载体的原始资源。数字资源本身就是原始资源的新版本，可以代替原始资源供用户访问，并由此减少对原始文献的操作从而使其得到保护。

5. 避免重复原则

在特色馆藏建设过程中，要摒弃大而全、小而全的思想，根据图书馆的发展目标，充分考虑特色资源的特点，以各馆对特色资源需求为建设重点，结合当地发展形势，有针对性、有步骤地构建及开发特色馆藏资源。对于已有的特色馆藏资源，要考虑其质量、保存状况及内容能否满足用户需要，以及对选取的特色资源进行评估。一般来讲，在进行特色资源建设初期，必须集合参建馆对所建设的特色资源进行考察，以便了解特色资源馆藏现状、其进行共享建设的成本效益，尽可能地减少在资金、人力、物力方面的重复浪费。

三、图书馆特色资源共建共享的策略

（一）共建共享特色资源的选择策略

1. 构建具有地方特色的特色资源

地方特色资源就是以本地区经济、文化、历史、地域特点为基础，以本地区、本单位的优势学科为依托建立起来的馆藏资源，如：云南、西藏、内蒙古、新疆等少数民族地区的民族文化、民俗传统和特殊的地理、地貌。在漫长的发展过程中，各少数民族创造了自己独有的、丰富的民族文化，这些独有的文化资源是研究当地少数民族问题的特色资源，是其他地方所没有的。各图书馆可结合当地的民风、民情，大力挖掘物质和非物质的民俗内容，形成具有特色的民俗文化馆藏。民俗是人类所创造的物质与精神文明的历史积淀，民俗文化是社会生活的一种模式，具有世代相袭的稳定性，是一个民族深层文化积淀的产物，是中华民族先进文化的重要组成部分。同时，各图书馆也可根据本地区的政治、经济、社会和文化等方面的特色，收集反映本地区的研究课题、出版物、地方专题等具有一定地域的文献或与地方政治、经济和文化发展密切相关的资源，建立具有研究级水平的藏书体系和突出地方特色的地方文献部。这样既突出了独一无二的地方特色，又为学者研究本地区的民俗风情、编纂新修方志、开发特色旅游资源、发掘传统经济等科学研究和社会发展服务，促进本区域经济文化的发展。

2. 收集具有历史特色的特色资源

图书馆要保存和梳理地方的史前文化、家谱、历史人物、地方史料等具有历史文化积淀的非物质文化遗产。图书馆可逐步收集和完善当地龙头姓氏的族谱、家谱以及历史名人贤达的著作、手稿、传记等文史资料，并纳入自己的特色馆藏体系。通过其中蕴藏的内涵，可了解社会结构、宗教制度、民族史、家族史等具有重要价值的历史文化，为社会学、人口学、民族学、经济史的研究和文艺创作等方面提供宝贵的资料，从中可以寻找文化资源与地方社会经济发展的联系、规律，从而促进经济的发展和弘扬地方文化特色。同时，也可以作为教学、科研的第一手资料，为阅读、教学、研究提供便利的服务。目前，不少学者认识到历史资料的重要价值并利用其取得了斐然成果。例如，从孔府家谱中可以考证到曲阜孔府的世系、世表、墓记、祠堂记、家规家训等内容；从裴氏家谱中可以了解到裴氏世袭子孙的来龙去脉；而吴仁安利用家谱、方志等撰成《明清时期上海地区的著姓

望族》、刘志伟运用家谱和其他人口资料撰成《明清广东里甲赋役制度研究》、钱杭则通过家谱及深入调查撰成《江西泰和农村宗族形成》、葛剑雄运用家谱和其他史料撰成《中国移民史》等。

3. 挖掘具有馆藏特色的特色资源

馆藏特色资源是指其他图书馆所不具备或只有少数图书馆具备的特色馆藏，或因散在各处而难以被利用的资源，具有稀缺性、不可再生性、文化或学术独特性、系统积累和传承性等特点。信息技术的广泛应用带来的新环境和新需求是图书馆发展的驱动力。例如，高校图书馆具有明确的教育性、专业性和学术性等特性，结合本校的专业设置、办学风格、培养目标等特点，通过纸质文献与电子文献、实体馆藏与虚拟馆藏、馆际互借与资源开发的结合，逐步建立各具特色的馆藏资源体系，使馆藏信息资源配置合理化、数量最大化、质量最优化和利用高效化，从而满足读者对特定知识的需求或实现某些特定的目标，如：北京大学图书馆设置了包含秘籍琳琅的古文献资源库、北京历史地理数据库、北京大学学位论文数据库、北大名师数据库、热点话题数据库、视频点播多媒体数据库等特色的馆藏资源。

此外，高校教师所著、所编、所译的学术著作、发表的学术论文、科研成果报告、改革方案，本校召开的学术会议文献，教师外出参加学术会议带回的文献，出国人员带回的文献资料及有价值的赠送资料和教授、研究馆员、博导、硕导、博士生的国家、省级科研基金项目，特色学科师生互动的多媒体教学课件，聘请相关专业专家和研究生收集到的最前沿的学科信息资源，本校学报发表的论文等都是具有自身特色的文献和信息资源，把这些极富特色的资源积极数字化并建成本校特色资源数据库供用户使用，将具有重要的意义和利用价值。

4. 建设具有学科特色的特色资源

学科特色资源主要体现在以高校为主的图书馆，高校图书馆作为高等教育事业的重要组成部分，与教学、科研是密不可分的，其主要的服务对象是教师、大学生。因此，高校图书馆应当有计划、有目的地围绕学校专业、学科特点及自身的服务指向，从所在学校的发展规划和学科队伍现状出发，分清主次、突出学术性特色，为某重点学科或某特定专题交叉学科和前沿学科提供能体现高等教育特色的资源，为特定用户、重点学科提供全面、实用的特定信息服务。同时，高校图书馆还应注重服务信息的多向性开发，不断对特色数据库进行深加工，有计划、有重点、有步骤地拓展学科特色化的馆藏文献资料信息空间，将及时而实用的电子信息资源传上校园网，最大限度地满足各种类型的读者需求，发挥图书馆的功能，使高校图书馆成为真正意义上的文献信息中心、学术交流中心、文化教育中心、科研成果中心，全力推进高校图书馆的可持续发展，如：北京大学图书馆建立了科研成果在线（机构库），而清华大学图书馆则建立了收藏中外文法律图书、国内外法律期刊、电子出版物等富有专业特色的法律图书馆，为法学院的教学、科研工作提供具有专业性、学术性的特色服务。

（二）实现特色资源共建共享的策略

1. 提高特色资源共建共享的认识

随着信息时代的快速发展，人类必将迎来全球信息网络化的新时代，科技文献信息资源是国家科技创新体系的重要支撑和基本保障条件。另外，实现特色资源共建共享也是图书情报事业发展的需求，更是人类能够最大限度地利用文献信息的需要。因此，图书管理工作者要从根本上改变过去那种"等、靠、要"和无所作为的工作观念，克服求稳怕乱、封闭保守的落后思想，改变重藏轻用及满足于自给自足的工作作风，在思想上彻底扭转"大而全""小而全"的保守主义和本位主义观念，由小到大，由点及面，由浅入深，逐步探索，从而尽快建立网络环境下的特色资源共建共享保障体系。

2. 加强共建共享工作的组织保障

图书馆特色资源共建共享与文献信息资源共建共享一样，是一项庞大繁杂、有一定难度的社会系统工程，具有覆盖面大、渗透性强的特点，要做好此项工作，必须打破"条块分割、各自为政"的格局，为共建共享扫除体制上的障碍。加强信息资源建设的宏观调控，建立各级权威管理机构或协调工作领导小组，明确目标，制定正确可行的政策标准，领导和协调特色资源建设的规划和实施。当前，我国在创建自主知识产权、强调自主科技创新的进程中，已深刻地认识到了信息资源共建共享的重要意义。因此，在特色资源建设过程中，组织机构上是虚拟的，但在共建共享业务上的领导、组织、协调、管理方面却是现实的，在组织形式上打破了我国现行的行政管理体系，特别是科技文献信息系统内条块分割的局面，淡化了行政隶属色彩，推进了不同系统、不同部门的文献服务机构的联合，使特色信息资源共建共享能够发挥巨大的作用。

3. 完善特色资源共建共享的建设体系

首先，各图书馆应开展馆藏特色资源的调查工作，对本馆收藏的特色资源的类型、数量、学科等做到心中有数，了解本馆的任务和目标，对重点学科、读者群体参与共建共享的环境进行分析，根据现实和潜在的特色资源利用需求，大力加强特色资源的可持续性建设，以提高特色资源收藏的相对完备程度。只有在不断提高本馆馆藏特色资源保障程度的基础上，才能够形成本地区、本系统乃至更大范围的保障体系。

其次，各馆之间应加强沟通与协调，统筹规划，通过分工协作，互通有无，减少重复和遗漏收藏，扩大学科覆盖面，坚决走馆际联合和资源共建共享的道路，利用馆际互借、网上信息传递等手段来扩大充实特色资源。不可否认，纸质化文献迄今仍是馆藏主体，它在信息资源建设中的主导地位短时间内不会动摇。它比较适合人们的阅读习惯，且易于获取、价格低廉、浏览方便，受到读者（特别是老年读者）的欢迎。在计算机还没有完全普及、大部分读者经济支出能力有限的情况下，馆藏特色资源还应以印刷纸质型文献为主。

4. 建立特色资源工作的标准化体系

标准化是网络化的必要条件，数据格式、描述语言、标引语言只有符合公认的统一标准，才能实现用户与系统、系统与系统之间的有效沟通，共建共享体系的建设必须建立在较高的标准化基础之上。无论是文献的采集、分编、加工和组织，还是文献的整合、开发、揭示和共享，各馆都必须建立一套科学合理的规范标准，同时加以自觉地遵守。文献资源共享的前提是共建，使各个图书馆馆藏文献数据上网并能够交换，是信息时代文献资源共享的最有效途径。编目规则的统一有利于图书馆数据的交流与传输，有利于资源的节约和充分利用。因此，应加强图书馆业务工作的集中化、标准化、规范化建设，健全各图书馆统一文献检索体系，为开展集中采购、联机编目、联机检索奠定良好的基础。在统一标准的前提下，加快建立一批国家级的大型标准馆藏特色资源数据库，以形成支持特色资源共建共享网络体系的基础设施资源。目前，图书馆中还存在着分类标准不统一、不能严格按照MARK格式进行著录、检索软件缺乏兼容性等问题，因此，各图书馆要强化自身馆藏数据库的标准化、规范化建设，要加强书目资源数据库的建设，必须强调坚持数据标准和数据共享原则，只有格式化、标准化，才能实现数据的转换、交换、兼容和不同系统之间的资源共享，从而搭起本馆与其他图书馆乃至国外图书馆的沟通桥梁。

5. 提高人才素质，发展各种网络化信息服务

特色资源的共建共享归根结底是为了方便广大读者，离开了用户就失去了共建共享的必要。由于共建共享网络采用了先进的电子技术和通信技术，这就要不断地提高读者的文献检索能力与应用能力，培养用户的信息意识，使他们尽快掌握网络的数据信息，提高检索效率，而这一切全部取决于现有图书管理人员的事业心以及业务技能的强弱高低，因此，要多途径、多层次大力培养懂外语、懂专业、懂计算机的复合型人才。图书管理人员不仅要谙熟本专业知识，还要有一定的计算机及网络技术的运用技能，能够开发、储存和传递深层次的文献信息，使他们能够了解本专业发展的最新动态，掌握各种新技术、新方法，拓展知识面，全面提高内在素质，建设一支与文献信息资源共建共享网络相适应的专业队伍，这是图书馆搞好共建共享工作的基本保障。

第四章　图书馆人力资源管理研究

第一节　图书馆人力资源管理概述

一、人力资源及人力资源管理

人力资源是指人的脑力和体力的总和。人力资源管理，是指对人力资源的获取、保持、利用和开发等方面所进行的计划、组织、指挥、控制和协调的活动。

西方发达国家管理实践和管理理论的演进，已经从"工具人""经济人"阶段正式步入"以人为本"的管理阶段。现代管理者已经认识到，管理首先是人为地达到自己的目的而进行的自觉活动。人的任何管理活动都是主观的，因而人是一切管理活动的主体。"以人为本"，就是在现代管理活动中应以人为中心，以做好人的工作为根本。

传统的图书馆管理偏重对信息资源的管理。1999年，有人提出"从读者第一"到"图书馆员第一"的新观点，从图书馆管理的角度强调了"馆员第一"的重要性。[①]所谓"馆员第一"，就是要"以人为本"对图书馆进行管理。图书馆管理中，无论是对信息资源的管理还是对其他资源客体（如设备等）的管理，离开了对人（即"馆员"）的管理，将一事无成。如：图书馆的信息资源建设，其采编人员是关键，对信息资源的管理，其核心应是对采编人员的管理。因为采编人员的素质（文化素养、政治素养、信息素养、分编技巧等）是直接影响信息资源建设质量的关键。

二、图书馆人力资源管理的主要内容

（一）人力资源的信息管理

人力资源的信息管理是人力资源管理的基础性工作，只有把图书馆有关人力资源的信息掌握清楚，才能对图书馆工作人员进行分类指导和有的放矢的管理，才能使人力资源管理取得最佳效益。人力资源的信息管理包括：

[①]　余光洲.数字图书馆信息化建设方向与构建策略及考核评估标准和优秀经营借鉴大全 第2卷 [M].北京：中国国际广播出版社，2011.

第一，收集。收集的内容有人员基本情况（年龄、工作年限、从事专业、学历、职称等）、人员的工作业绩、科研信息、思想政治状况、特长等。

第二，加工。上述原始信息必须经过一定的加工处理才具有可用性。信息加工，就是将收集来的信息按照一定的程序和方法进行分类、分析、编制，使之成为一份真实的、规范的信息资料，以利于传递、储存、使用和进一步开发。为使加工的人力资源信息具有较强的可用性，必须保证信息的客观性，加工信息时必须坚持从原始的真实材料出发，而不能主观臆断，随意修改信息数据。在信息加工过程中，要注意去粗取精、去伪存真，准确无误地做好所收集信息的定性和定量分析。人力资源的信息加工要完成如下程序：信息分类（按一定标准和工作要求进行）、信息统计分析（将分类的信息进行统计，如按职称分类，高级、中级、初级人员各有多少人）、信息的比较（如职称方面，中级、高级人员各占比例；又如年龄方面，40岁以上、50岁以上各占多大比例等）、信息的综合处理（对人力资源信息进行相关的统计分析及纵、横向比较后，再进一步对不同时期、不同侧面的有关信息加以灵活的综合处理，从中得出科学的结论）。

第三，人力资源信息的储存。人力资源信息的储存，是指将已收集整理并加工处理完毕的信息资料，通过计算机或各种媒介以文字、图表、图像及光信号、磁信号等形式记录储存下来，建立人才库。

（二）部门设置与岗位分析

科学的部门设置与岗位分析是图书馆人力资源计划的基础。图书馆的部门设置与图书馆的规模、服务对象、服务层次及周围环境有关。不同的图书馆应根据本馆的具体情况及外部环境，科学、合理地设置部门，明确部门间的关系及每个岗位的责、权、利。真正做到机构精简、高效，确保既能发挥个人和团队的积极性、创造性，又能保持图书馆作为一个整体的统一与和谐。

（三）人力资源计划

图书馆的人力资源计划是指图书馆根据内外环境的现状与发展制订出的与员工相关的计划或方案，以保证图书馆在当前和将来都能获取合适数量、质量的人力资源，并能在图书馆得到发展的同时满足员工的发展需求与愿望。制订图书馆人力资源计划应主要考虑以下四个方面的因素：

第一，图书馆的环境是在不断变化的，人力资源计划必须具有弹性和前瞻性。

第二，根据部门设置和岗位分析，制订完整的人力资源的绩效考评措施及员工培训计划。

第三，制定公平合理的激励、岗位变更的政策与措施。

第四，创造良好的条件，在实现图书馆目标的同时，最大限度地满足员工的需求，尤其要重视员工自我提高和发展的需求。

（四）员工的培训与开发

员工的培训与开发是图书馆人力资源管理的重要内容之一，是提高员工素质、提高图书馆服务质量的关键环节。员工培训的主要目的是使受培训的员工能获得当前工作所需的知识和技能，而员工的开发则主要着眼于未来长远目标，目的是使员工能学习到将来工作所需要的知识和技术。图书馆必须认识到，及时、连续、有计划地进行内部员工的培训与开发是保持和提高图书馆人力资源再生和增值的有效可行的途径。

（五）绩效考评

绩效考评对图书馆的各项工作能起到检查和控制的作用，对员工能起到揭示当前工作效率和未来工作潜能的作用。要注意的是，绩效不仅仅是指员工的工作实绩，它还包括对工作实绩产生直接或间接影响的员工的行为、素质、意识和潜能。绩效考评是一个对员工担任该岗位职责的履行程度及是否应对其进行升级或降级使用所进行的有系统的、有组织的、尽可能客观全面的考核和评价的过程。因此，应把绩效考评作为图书馆人力资源管理的核心内容来对待。

（六）人力资源的学习管理

知识创新要求图书馆组织转变为学习型组织，要求图书馆职员变为"学习型人"。学习不仅成为员工竞争从业的重要手段，也是员工自我更新、自我实现的最重要途径。学习型图书馆的本质特征就是善于不断学习。它主要体现在以下四个方面：

第一，终身学习。图书馆要形成良好的学习氛围，促使员工养成终身学习的习惯。

第二，全员学习。学习不仅仅是普通员工的事，图书馆的领导和管理者也应该并且必须投入学习，要在全馆形成全员学习的风气。

第三，全过程学习。学习必须贯穿于图书馆运行的全过程中，不要把学习与工作分割开来，要提倡边工作边学习、边学习边提高。

第四，团队学习。图书馆不但要重视员工个人学习和个人能力的提高，更要强调图书馆员工的合作学习和整体员工素质的提高。此外，图书馆要做好人力资源的学习管理，还必须建立相应的激励机制（如：竞争上岗、奖惩严明等，促使员工由被动学习转变为要求学习、主动学习、自觉学习）、制订学习计划（包括图书馆整体学习目标和个人学习目标、计划）、定期检查学习效果。

三、图书馆人力资源管理的主要特征

（一）管理模式人性化

图书馆工作必须一方面强调实现图书馆的基本职能，向社会提供最优质的服务和信息产品；另一方面也是很重要的一个方面，就是要在内部人力资源管理过程中坚持员工导向型管理，力求员工个性得到充分体现，并将其与社会需求、读者需求结合在一起，这应当成为新时代图书馆文化建设的基本组成部分，从而使图书馆人力资源管理走向人性化。人性化管理的另一个重要表现是，现代图书馆管理应当以人为中心、以信息为手段，不断提高图书馆工作人员的创造性，促使广大图书馆工作者树立强烈的创新意识。

（二）馆员素质综合化

图书馆的资金和设施反映了一个图书馆目前的规模，而人力资源反映的则是图书馆未来的前途。图书馆员是图书馆信息库的建设者和维护者，是信息、知识资源与读者之间的桥梁和纽带，是高知识含量信息产品的设计者、生产者和操作者。未来的图书馆将不再仅仅以馆舍大小、藏书多少论优劣，更多的将是以提供优质特色的服务作为衡量标准，而优质特色的服务取决于图书馆工作人员潜力的开发和利用。因此，加强图书馆人力资源管理，必须注重提高馆员的综合素质。

（三）激励机制多样化

图书馆人力资源管理将日益走向人性化。实际上，所谓以人为中心，就是把广大馆员作为图书馆的主体，把人力资源作为图书馆制定自身发展战略、增强自身竞争实力的依据，并作为图书馆发展战略的支撑点。需要强调的是，人具有创造性和能动性，人的潜力是巨大的。一个人的创造性与潜在能力往往难以预测，但可以肯定的一点是，在不同的环境条件下，人的潜能发挥的水平是不同的。这就需要合理的激励机制。激励能使人思想活跃、积极主动、开拓创新，服务更出色。因此，图书馆人力资源管理，必须实现激励机制的多样化。

（四）组织员工双赢化

图书馆人力资源管理是指通过一系列组织行为，开发全体员工的智力和潜能，提高其工作效率，使每一位馆员树立神圣的职业责任感、使命感、尊严感和崇高的敬业精神，全心全意为读者服务。我们在弘扬敬业精神的同时，也要兼顾馆员的个人发展，要充分体察并认同馆员实现自我价值的需要，使其获得与业绩相匹配的劳动报酬，关注其学术成就与职务提升，努力寻找社会贡献与个人价值实现的最佳结合点，将馆员的个人取向和图书馆

的整体发展融为一体，在贡献与满足中使图书馆得到持续发展，个人也获得成功与成就，缔造组织与个人的双赢局面。

四、图书馆人力资源管理的对策和方法

（一）树立人才资源新理念

第一，树立"人才资源是第一资源"的理念。人是生产力要素中最为活跃和重要的要素。随着知识经济的发展，人才作为知识的载体，其重要性越来越突出。

第二，树立"人才开发"的理念。目前，各国都把人才资源开发作为经济发展的战略重点之一，而许多单位领导却存在错误的思想，总认为眼前的马群中没有千里马，殊不知经过训练后，有些马就是千里良驹。所以，我们应该加强对现有人才的开发工作。

第三，树立"人才资源合理配置"的理念。图书馆具备多种人才，只有创造公平竞争的环境，进行有效的组合，将人才放在最适合他的岗位上，才能最大限度地发挥人才的价值，才能充分发挥群体的良好效应，也才能真正做到人尽其才、才尽其用。图书馆管理者应该目光远大，唯才是举，具有护才之魄、爱才之心、容才之量、举才之德。

第四，树立"人本管理"的理念。图书馆在人员管理上，应该借鉴现代企业管理手段，大力提倡"以人为中心"的"人本管理"，把职工作为图书馆的主体，努力营造尊重知识、尊重人才、尊重个性的环境氛围。

（二）实行职业生涯开发与管理

1. 选人

引入竞争机制，积极引进各类人才，建立合理的人员流动机制，实行公开岗位、公平竞争、公正录用。在学历结构、知识层次、年龄结构、业务能力等方面对人员进行合理调配，积极引进紧缺人才，特别是注重引进既懂图书馆业务又懂现代信息技术的复合型人才，以实现人力资源的合理配置。

2. 用人

有了人才，若做不到合理使用，人才再多，也是摆设、是浪费。要实现图书馆人才资源价值最大化，必须做到人尽其才、才尽其用，尽量使每个人能够在合适的岗位上充分发挥自己的聪明才智和能力，并能长期保持工作热情和干劲。首先，给每一位工作人员配备合适的工作岗位，根据个人的实际情况和图书馆的需要，适时调整其最终的职业发展方向；其次，注意在工作中不断开发工作人员的能力，保证工作人员可以在工作中学习到更

多的知识和技能；再次，依据每个工作人员的具体情况，如：专业、学历、兴趣、技能、发展方向等，为其设计职业生涯道路，最大程度地发挥每一位员工的个人潜能；最后，竞争上岗、择优聘任、严格考核，使每一位员工感受到危机，从而起到激励先进、鞭策后进的作用。

3. 育人

现代图书馆要求其员工必须具有广博的知识、熟练的技能和一定的科研能力，能在庞杂的信息中去粗取精、去伪存真，为读者提供优质、高效、准确的知识信息服务。图书馆员应是一专多能的复合型人才。因而，图书馆要重视对员工的培训和继续教育，有计划、有步骤地安排员工在岗、脱岗学习培训，以不断提高他们的知识水平和业务能力。图书馆的培训工作应着重于以下三个方面：①基本技能培训。主要指为了满足信息时代用户的信息需求，为工作人员提供有关计算机基本操作、网络基础知识、数据库管理、网络环境中的信息收集与处理、信息检索工具的生成、网络信息的利用、专业外语等方面的培训。②解决实际问题的培训。对于想在图书馆事业中成长为一名管理人员的工作人员来说，图书馆应为其提供管理方面的培训，帮助他们提高解决实际问题的能力。③对于中、高级专业技术员工提倡"走出去"参加研讨会、学术会议和进修班等知识层次高、创新能力强的业务培训，努力使图书馆形成合理的人才和知识结构。

4. 留人

图书馆要创造出吸引人才、留住人才的机制和环境。比如，提高工资和福利待遇以留住人才：良好的福利和奖励可以弥补收入政策上的不足，它们作为劳动报酬的重要补充，是吸引人才的一种手段；为员工营造和谐的组织环境和工作环境，凝聚员工的向心力以留住人才：可以采取改善工作条件，提供更多的休闲娱乐机会，提供培训机会，提供晋升机会等措施来调动人才的积极性；为员工创造一个充分施展自己才华的机会和条件来留住人才：建立健全各种规章制度，努力促进公平竞争，给每个人创造发挥才干的机会，使优秀人才脱颖而出；建立科学的工作考核、人才评价的标准以留住人才：深化分配制度的改革，建立以业绩为核心的考核体系，使之与培训、晋级、资金、岗位等相联系。

（三）人力资源的梯次开发

由于个性、气质、学历、智商、情商等因素的个体差异，人力资源在素质上具有不同的梯次。如果把图书馆中所有具有劳动能力的在职职工总称为"人力资源"，则其中那些具有系统的专业知识、较强的专业工作能力和研究能力、管理能力、创造能力的员工可以称为"人才资源"，其他员工称为"普通人力资源"。人才资源的质量关系到一个馆的办馆水平和效益。图书馆中不同的工作部门、同一部门中的不同岗位，对人力资源素质的需求是不同的。根据人力资源素质的梯次来决定其在馆内分工中的地位，是人力资源开发的核心。其中要掌握的关键是：

第一，坚持能力本位制而不是学历本位制和资历本位制。传统的人事制度过分强调学历和资历，事实上个人素质、能力与学历和资历并不呈简单的正比例关系，对学历和资历的过分依赖固然有利于简化人事管理体制，但它给人力资源管理带来的吃老本、熬年头、不思进取、但求无过的风气却是灾难性的。

第二，正视人力资源素质的差异性。就图书馆而言，有的馆员具有较深厚的专业基础知识，有的具有较广博的学科知识，有的十分熟悉馆藏……最高明的人力资源管理就是要把每一个人都放在适合他的岗位上，使他的才能得以充分发挥。

第三，馆内分工的梯次代表不同的权利、义务、责任和分配方面的利益，这种权利、义务、责任和利益的梯次应与人力资源素质的梯次基本吻合。由于人力资源的可塑性和可激励性，分工的梯次不应当一成不变，而应根据人力资源的变化情况适时地加以调整。

18世纪意大利经济学家帕累托（Vilfredo Pareto）根据经验，总结提出了"20/80法则"，即抓关键的少数。对一个特定的整体来说，重要的因素通常只有20%，而琐碎的因素则是80%，只要控制关键的少数就能控制整体局面。"20/80"提倡的是"有所为，有所不为"，将"20/80"作为确定比值，将其运用到管理中就是侧重抓关键人、关键环节、关键岗位。将"20/80法则"用于管理图书馆人力资源，有可能使效率提升1倍。组织培训时将80%的投资优先用于业务骨干，对他们进行能力的培训，使他们具有多方位的素质，在业务上创新和超越，致力于以知识导航为理念的服务。同时，图书馆在按照业务工作的缓急设计培训计划时，也不要忽略一般性培训，将20%的投资适当用于职工的普及教育和岗位培训。这样，既激励了骨干，又带动了职工。

五、图书馆人力资源管理模式

（一）定额管理

形成于19世纪末20世纪初的定额管理，是在工业生产中普遍采用的科学管理模式。此管理模式在图书馆中的应用要晚几十年。最早是由苏联开始采用的，如：苏联《图书馆员》杂志1958年第10期上刊登的《关于图书馆工作定额》一文，对编目工作单项指标做了介绍。我国直到20世纪80年代初才在图书馆工作中采用定额管理模式。1983年，西安交通大学最先介绍了他们的经验，接着这种管理模式在高校图书馆中推广应用起来。

定额管理通过把图书馆的工作分成若干工序单元，规定每一个人在一定时间内必须完成的标准工作量，以此来衡量一个人的工作成绩大小，并且使工作量与奖酬金挂钩，更好地体现了"多劳多得"这一社会主义分配原则。

从人力资源管理的角度来看，定额管理挖掘了人的潜力，为人员的计划、调配和使用提供了依据，提高了人员的业务水平。但定额管理的局限性在于，工作量定额与人员的素质有十分密切的关系，各项工作定额之间不易平衡，定额与非定额之间衡量标准难以掌握，还存在着只追求数量而忽视质量的问题等。

（二）岗位责任制

岗位责任制从20世纪80年代中期开始在图书馆普遍推广，现在仍是大多数图书馆普遍采用的管理模式。岗位责任制以规章制度的形式明确规定每个工作人员的岗位，以及应该达到的基本要求和应负的责任，并据此进行考核和奖励。其管理模式是岗位责任、考核办法、奖惩制度三位一体。

岗位责任制的运用对图书馆定编定岗、调动工作人员的积极性、完善图书馆的管理、完成图书馆的任务等都有过积极的作用。但目前此管理模式已流于形式，原因是它体现的是一种自上而下的命令式的管理模式，员工干什么、干多少、怎么干，都有明确规定，基层人员只是被动地接受上级的指示和监督，按要求完成岗位任务，一些合理的意见和建议常常被忽视，工作没有主动性和创造性。

现如今，岗位轮换制的出现，为岗位责任制注入了新的内涵。岗位轮换制打破了"一岗到老"的传统做法，促进了员工内部合理、有序流动，让大部分馆员有机会了解图书馆的整体运作，熟悉和掌握多种技能，同时还有利于更新和补充馆员的知识结构、拓宽知识面，提高图书馆员的业务能力和综合素质，增强其对不同岗位的应变能力。

（三）目标管理

目标管理是由美国管理学家彼得·德鲁克在1954年出版的《管理实践》一书中提出的。所谓目标管理是指组织的最高领导层根据组织面临的形势和社会需要，制定出一定时期内组织经营活动所要达到的总目标，然后层层落实。

目标管理是现代管理中最先进的方法之一，最符合人本管理原则。我国图书馆从20世纪80年代才开始研究和尝试。目标管理让组织的领导者和员工共同参与目标的制定，在工作中实行"自我控制"，并努力完成工作目标。它把组织的全体成员作为管理的主体，围绕着如何充分利用和开发组织的人力资源，服务于组织内外的利益相关者，从而实现组织目标和组织成员个人目标。其优越性不仅体现在目标的制定有员工参与，而且还体现在目标的控制也是由员工自我控制来代替上级控制，因此能充分调动员工的主观能动性。但是，如果领导层对目标的指导思想认识不足，在目标制定过程中脱离了员工的参与等，就不能达到预期的效果。

（四）竞岗制

竞岗制即岗位竞争聘任制。这种管理模式是近年来清华大学图书馆、北京大学图书馆、上海图书馆、上海交通大学图书馆等单位对其业务部门、人员配备等进行的人员机制改革的新尝试。其目的是保证每一个工作岗位能招聘到合适的优秀人员上岗，同时也达到改革的总目标——"减员增效"。

竞岗制的优点是打破了铁饭碗、终身制，增加了馆员的危机感，增强了责任心；把过去的"要我干"变成现在的"我要干"，既可使管理者从繁重的业务管理中解脱出来，使之有更多的时间和精力进行宏观管理，也可以提高馆员的满意度；改变了过去人浮于事的状况；岗位设置的合理性得到了充分体现；扩大了每个工作人员的业务活动领域；岗位与环境也迫使馆员努力学习更多的新知识，以适应信息时代图书馆不同岗位的标准要求。

竞岗制一方面为我国图书馆全方位人力资源管理提出了更高的要求；另一方面，图书馆通过业务流程再造，能更好地适应环境的变化。但是，竞岗制目前还存在竞争机制不够完善的状况。

第二节　图书馆人力资源规划

一、图书馆人力资源规划概述

规划，即打算、谋划、筹划，通常指较全面或长远的计划。所谓图书馆人力资源规划，是指从图书馆的中长期发展战略目标与规划出发，运用科学的技术和方法，在对图书馆的人力资源现状进行分析与需求预测鉴定的基础上，制订出满足图书馆人力资源需求的具体内容、实施办法、相应政策措施、经费预算等一系列全面的、长远的、战略性发展计划及其具体业务计划的管理活动过程。它是图书馆人力资源管理的首要环节，是图书馆整个发展战略规划的核心。对广大图书馆员来说，规划有着导向、示范和激励作用。良好的人力资源规划要突出五大作用。

第一，有助于图书馆战略目标、任务的制定和实施。人力资源规划不仅仅是人力资源工作部门的工作计划，更是图书馆事业整体规划的一个重要的有机组成部分。人力资源规划的作用在于配合图书馆的战略管理，发挥"组合拳"的效用，创造和谐的从业环境，从而推进图书馆事业的整体发展。

第二，为图书馆的发展提供充足的人力资源保障。图书馆工作的外部环境是一个动态变化过程，这种变化决定了人力资源供求关系始终是一个变量。没有良好的人才战略储备，图书馆事业便失去人才的保证，这就要求人力资源规划去发现、引进、培养和储备人才，以满足图书馆事业发展的需要。

第三，有助于协调图书馆各种人事关系。图书馆人力资源管理的各项职能是相互影响和相互作用的，工作分析、岗位配备、选拔、聘用、培训、绩效评估、薪酬及福利等设计是一个有机整体，没有做好选聘工作，以后的任用便会产生问题。选聘的人才没有放到合适的岗位上，不能算是"量才录用"。人力资源规划的作用在于使图书馆人事工作各项环节达到齿轮咬合般默契。

第四，有助于图书馆人力资源的合理、有效配置。人力资源规划要着力于发掘现有人力资源的潜力。面对网络化发展、数字化建设的图书馆事业，面对读者多元化需求的格局，使图书馆在人员结构、年龄结构、素质结构和薪酬结构上保持合理状态，避免人才断层和冗员的负担，从而提高图书馆人力资源管理的效益。

第五，有助于满足图书馆员多元化发展的需求。人力资源规划描述了图书馆事业的前程，指明了图书馆员的发展机会，这就使其能够及时得到信息，设计个人的发展方向，激发馆员的工作潜能，萌发创新思维。

图书馆人力资源规划可分为长期规划和短期规划。长期规划一般为3年以上，可根据具体情况制订图书馆的5年规划或10年规划，其目标是确保图书馆无论在何时何地，都要按照图书馆人力资源的特点和技能充分利用。

二、图书馆人力资源规划内容

（一）总体规划

总体规划以图书馆的战略目标和未来发展趋势为依据。围绕规划期内人力资源开发利用管理的总目标、总方针和总政策，按照实施步骤、时间安排、经费预算等若干思路进行设计。如果整个图书馆面临大的变动或需要重组时，必须对图书馆结构及职务职位进行重新分配，并在完全确定的基础上进行总体规划。

（二）具体计划

第一，图书馆所需人员的补充计划。通常包括补充人员的类型、数量、结构比例和要达到的效果。

第二，馆员的使用计划。包括各部门的"三定"（定编制、定岗位、定人员）方案及其职位分类与设置标准、绩效考评目标、交流和调配制度目标等；任职资格考核办法、聘任与解聘制度及其规范、年度考核制度与奖惩措施；各项制度、措施和办法的时间安排。

第三，馆员的教育与培训计划。一般包括教育与培训的目标（提高馆员的政治、业务素质，减少非正常流动的频率，增加组织的凝聚力，提高馆员的满意度），教育与培训的相关政策或办法（促进组织事业发展的政策、馆员素质变化的终身教育办法、发挥馆员长处或优势的特殊教育措施），不同教育与培训的时间安排（短期、中期、长期），教育、培训、进修、考察、调研经费的预算。

第四，绩效评估与激励计划。主要目标在于稳定队伍、鼓舞士气、强化主人翁意识和责任感、改善人际关系、发挥积极性和创新精神；在政策与办法的制定上集中解决激励政策、奖酬政策、工资与福利政策，完善考核体系、建立公正与公平的评价机制；分步骤实施时间安排；增加工资、奖金、福利的费用匡算。在具体规划中，根据实际情况还可增加若干项目，但规划的名称和内容必须与图书馆的实际情况相吻合，与总体目标相一致。

图书馆人力资源规划的内容，除上述所涉及的以外，还必须就图书馆面临的变化着的内部、外部环境对图书馆发展与人才需要提出要求、做出规划，找出现有人员素质、能力结构与图书馆目标之间的差距，并将规划与日常的人事行政活动紧密相连。

三、图书馆人力资源规划原则

（一）适应环境变化原则

图书馆事业目标要随着社会的发展和网络、通信技术的发展不断地做出调整。这种调整将使图书馆人力资源供求关系呈动态变化。要求图书馆员要及时更新知识，掌握操作技能，成为现代信息技术与信息服务能力兼备的复合型人才，以适应不断发展变化的社会环境。

（二）需求策划原则

要分析图书馆未来人力资源需求变化的走势，及时、准确地对人力资源供求关系变化做出判断与分析。如：专业人员的增加或减少要根据业务流程重组和组织构架变化做出分析、预测；使用人员规模、数量、比例等方面要达到最优化组合。在科学、准确预测未来图书馆人力资源需求的基础上，对组织结构和职位（职数）信息要及时加以传导，使员工明确图书馆对人力资源需求等方面的情况，从而设计个人的职业生涯，寻找个人的发展途径。

（三）实现图书馆发展目标原则

人力资源规划的目的，是为了更好地实现图书馆事业的发展目标。在选择人力资源方案和设计人力资源规划时要做到对图书馆组织发展和图书馆员自身发展统筹兼顾，寻找双方目标的接近点和共同点，以求"双赢"，甚至"多赢"。

四、图书馆人力资源规划的控制与评估

人力资源规划在现实人事管理活动中运行的效果如何，是否需要进一步论证或修改，从一定意义上说依赖于对人力资源规划的控制与评估。对人力资源规划的控制、评估是进行有效人力资源管理的一个重要内容，也是人力资源规划中的最后一个阶段，其目的在于使人力资源的价值量化。它通过一系列科学的方法，对人力资源规划及其实施过程进行控制，即发现人力资源规划带来的各种效益，说明人力资源规划的重要性和实际价值，防止因人力资源规划实施不当而产生的负面影响。与此同时，对人力资源规划取得的结果和影响进行综合，系统地分析和判定，得出实事求是的结论。有效的控制与评估能及时发现规划中的缺陷与不足，不断改进、完善和发展规划，采取多种措施调整因环境变迁而带来的不适应，始终保持图书馆对规划的满意度。

在人力资源的控制与评估上，要注意把握最关键的问题，即如何建立一整套科学的组织评价体系。换句话说，用什么标准或指标体系去控制、评价，才能做到客观、公正、有效，才不至于使控制或评估流于形式，走走过场；或一味苛求，不合情理，失去评估的本意，造成不必要的损失。人力资源规划的控制与评估的依据、主要标准和内容体现在以下六个方面：

第一，规划与图书馆发展的总体目标是否一致。任何规划，都必须同图书馆发展的总体目标相一致，即在规划的总体结构上与组织的发展目标、工作性质、工作岗位的需求相一致。任何脱离或偏离总体目标的规划都是不可取的。

第二，规划是否解决了现有人力资源发展中的问题。人力资源规划的关键在于解决或弥补图书馆现有人力资源的不足，通过内外渠道填补人员空缺，适应图书馆发展的需要。如果人力资源规划能够充分而有效地解决人力资源发展中存在的问题，这样的人力资源规划就具有较强的针对性。

第三，规划是否提升了图书馆的服务质量和公众形象。人力资源的规划从一定意义上促进图书馆的血液循环和新陈代谢，为提高管理效率和工作质量奠定良好的组织基础。人力资源规划的效率、效能，在一定程度上取决于图书馆整体的能力提升、对读者服务的质量和整体形象。

第四，规划是否具有可行性。任何规划都必须付诸实施，再好的规划如果不能实行就等于一纸空文。图书馆的人力资源规划是否能够被推行和落实，关键在于它是否符合国家发展图书馆事业的有关政策、法规的要求，是否在现有的职位编制和财政预算额度的框架内，是否为领导层所认可。

第五，规划是否具有经济性。即图书馆人力资源规划是否根据现有财力量力而行，它所提供的各类人才发展途径在经济上是否划算，录用与甄选、教育与培训等若干环节的成

本支出是否节约。

第六，规划是否对社会产生积极影响。人力资源规划不是一般意义上的规划，它涉及的面极广，造成的影响也极大。因此，必须充分考虑图书馆人力资源规划中设定的使用与发展机制、政策导向、示范作用等。具体说来，就是社会是否形成一种尊重知识、尊重人才的风气或环境，优秀人才能否脱颖而出，是否推动人才市场的形成、建立和完善。

第三节　图书馆人力资源培训与开发

一、图书馆人力资源培训

（一）图书馆人力资源培训内容

图书馆人力资源培训应该包括三个方面的内容：知识、技能和态度，即文化基础知识、专业理论知识、一般理论知识、信息技术知识、外语能力、创新观念及个人心理与读者心理的分析等等。三个方面的共同作用可使图书馆员产生工作动机，从而引发工作行为，进而对馆员的工作绩效产生影响。

1. 知识培训、技能培训、态度培训

（1）知识培训。通过培训使图书馆员具备完成本职工作所需的基本知识，了解图书馆组织的基本情况，如：图书馆组织的发展战略、目标、现状、规章制度等。

（2）技能培训。目标是使图书馆员掌握从事本职工作的必备技能，如：操作技能、处理人际关系的技能等，并以此培养、开发馆员的潜能。

（3）态度培训。通过这方面的培训建立起图书馆组织与馆员之间的相互信任，培养馆员对组织的忠诚，培养馆员应具备的精神状态和工作态度，增强组织观念和团队意识。

2. 导向培训、在职在岗培训、在职脱产培训

（1）导向培训。导向培训又称新馆员培训，是指为刚被招聘进来的馆员、对图书馆内外情况生疏的新馆员指引方向，使之对新的工作环境、条件、人际关系、应尽职责、规章制度、发展目标有所了解。新馆员导向培训的深层意义在于培养馆员对图书馆组织的归属感，包括在组织上、思想上、感情上及心理上产生认同、依附和投入，是培训馆员对组织的忠诚、承诺和责任感的基础。

（2）在职在岗培训。在职在岗培训是指在工作中通过聘请有经验的馆员、管理人员或专职教师直接对馆员进行的培训，如：计算机基本操作、网络基础知识、数据库管理、

网络环境下的信息收集与处理、网络信息的利用、专业外语等方面的培训。在职在岗培训不仅使馆员获得完成工作所需要的技能，还可以传授给馆员其他的技能，诸如如何解决问题、如何与其他馆员沟通、学会倾听、学习处理人际关系等。

（3）在职脱产培训。在职脱产培训是指有选择性地让部分馆员在一段时间内离开原工作岗位，对其进行专门的业务学习与提高的培训方式。其形式有：举办专业技术培训班、选送馆员到高校或国外进修等。目前，这种培训方式在一些实力雄厚的大型企业和机关事业单位得到普遍采用。

3. 各层次、各职能培训

（1）各层次培训。各层次培训是指对经营及管理的各层次（上、中、下层）和各项职能部门馆员所进行的培训，也称纵向培训。

组织中的高层管理人员（图书馆管理者）应具有丰富的工作经验和杰出的才能，要定期地对他们进行培训，帮助高层管理者提高和完善工作中的专门技能，不断更新知识。

组织中的中、基层管理人员（部主任）在组织整体利益与下属馆员利益之间很容易发生角色冲突和矛盾。在他们担任中、基层管理职务后，必须通过培训使其尽快掌握必要的管理技能和工作方法。

专业技术人员培训是指对图书馆专业人员、信息技术人员等的培训，这类培训对象都有自己的业务范围，掌握着本专业的知识技能。在现代组织中，团队工作方式日益普遍，如果各类专业人员偏限于自己的专业领域，彼此之间缺乏沟通与协调，必将妨碍团队的工作。培训的目的就是让他们了解别人的工作，使他们能从组织整体出发开展工作。因此，不断更新专业知识，及时了解各自领域内的最新动态和最新知识，也是专业技术人员培训的目的之一。

（2）各职能培训。各职能培训也称横向培训，是指对经营及管理的各职能部门所进行的培训，其目的是使馆员明确各职能部门的职责分工、操作规程、权责范围。它具有以下三个方面的特点：①强调培训的专业性，即针对不同职能部门人员进行不同类型的知识、技能培训；②强调专业知识和业务技能，对同一职能部门相同专业的不同馆员分别提出不同的专业技能要求，以适应不同职务不同岗位的需要；③强调培训的适应性和前瞻性，即根据变化了的外部环境和人员结构，以及预期未来组织生存状况，适时地开展某些专业的培训，以调整组织内馆员素质结构，适应外部形势，或为未来储备必要的人才。

4. 学历教育培训

根据工作需要和职业发展需求，图书馆应鼓励图书馆员参加更高层次的学历培训，如：馆员在职攻读图书情报专业的硕士学位、在职攻读图书情报专业的第二硕士学位或博士学位等，为他们提供相对优越的学习环境和条件。这既有利于图书馆员的个人职业发展，也有利于图书馆事业的发展。

5. 科研能力培训

现代图书馆的业务骨干，必须具有一定的科研能力和创新观念，能够指导科研人员从事科学研究，并为其提供服务。为了提升图书馆的服务水平，图书馆可以选拔一些业务骨干参与、主持科研课题，或聘请校内或校外专家开展学术讲座等，拓宽业务骨干的科研视野，提高业务骨干的科研能力。

6. 个性化培训

对于即将成为或希冀成为一名管理人员的图书馆员来说，图书馆应为他们提供相关的培训，并在实践中帮助他们提高解决问题的能力，包括处理人际关系、沟通技巧、各种资源管理等个性化培训。

7. 综合培训

不定期地对馆员开展各种讲座，如：数据库利用讲座、图书馆前沿理论讲座、职称论文写作讲座，以及职业道德、服务理念和图书馆文化及精神文明等综合培训；并根据今后对人才的需要来选择合适的培训对象和设置课程。此外，图书馆还可以根据不同时期的工作需要，有计划地选派业务骨干进行参观学习，使其开阔视野。同时，还可请专业人员进行业务讲座、学术会议交流等，满足不同层次的培训需求。

（二）图书馆人力资源培训工作应遵循的原则

1. 培训计划的前瞻性

计划作为培训的首要工作，贯穿于整个培训活动，体现在培训工作的各个环节中。培训计划要根据图书馆需要和所确定的一定时期内的目标，落实培训指导思想、目标、任务和主要措施。在制订培训计划时必须认真谨慎，既要抓好当前亟须培训项目的开展，又要根据图书馆发展需要和馆员个人发展目标的实现，做到长、中、短期计划相结合，特别是做好长期规划，以保证图书馆培训工作有计划地、系统地随着图书馆预定的发展目标开展。要防止培训的随意性、培训内容安排的盲目性和培训技能、技巧的跳跃性。

2. 培训目标的明确性

培训目标就是通过培训所要达到的预期效果，即图书馆员所应达到的综合能力、专业管理能力和技术操作能力。因此，在制订培训计划时，必须通过对馆员培训需求的分析评估，了解馆员的特点和工作环境的特征，在对每个岗位的工作职责、任务、运作三级分解的基础上，分析出胜任岗位工作的岗位专项能力需求及每个岗位的能力结构要求，制定出明确的培训绩效目标及评价培训绩效的指标体系。

3.培训内容的实用性

培训内容不仅要对现任的岗位工作有帮助，还要对未来的个人发展及本岗位的创新和图书馆事业的发展等方面有实用指导。因此，培训内容要实用，既是对图书馆人员知识技能的补充、更新，也是对知识能力的拓展和提高，是一种知识的追加，是针对性、应用性和创新性的统一。切不可选择那些看似重要，而实际上是无用的或作用不大、针对性不强的内容。同时，在内容的选择上，更应当注重潜能的开发，重视培训馆员的开拓性，突出创造力的开发和创造性思维的培养。因此，实用性原则是培训工作的首要原则。

4.培训手段与培训方式的多样性

现代信息技术的智能化、媒体化和网络化，使培训手段和培训方式发生了改变。因此，必须依照图书馆专业人员知识、技能、心理认知能力及需求的特点，采取多种多样的教学方式与手段，突破传统的时空、地域形式，由传统的课堂教学培训转变为虚拟教学培训；由课堂板书式培训转变为多媒体教学培训，满足图书馆员的培训要求。

5.培训时间的紧凑性和灵活性

随着图书馆改革的深入，图书馆人员的精简使得在职人员的工作与培训学习矛盾更为突出。因此，在时间安排上要紧凑，根据图书馆员已经具备较为丰富的专业知识与技能、已经具备较高的自学能力与思维能力的特点，将自学与脱产学习相结合、专题辅导与集中短训相结合，并且注意在工作间隙、双休日和寒暑假安排培训，在工作任务较为紧张时少安排或不安排。对于个人的技能考核与岗位资格的考核，可提出一个达标的时间要求，由个人根据自身的工作和生活的实际自主地选择学习的时间，以确保工作、学习矛盾得以缓和，做到工作与培训两不误。

6.培训教学管理的严格性

严格的教学管理是培训目标得以实现、培训质量得以保证的重要措施，严格的考核是客观评价培训者接受与掌握培训内容的程度，以及培训措施与计划安排和师资选择是否恰当的重要手段，两者缺一不可。必须按规定的要求实施全过程的严格管理，无论是自学或者脱产面授都要严格考核。它对培训时间的保证、课前与课后作业的完成与质量检查、日常教学纪律的遵守等，都起到一定的效果。

7. 育人用人的一致性

人力资源的开发是一项系统工程，因此，培训工作必然要从解决图书馆体制、机制入手，从图书馆的长远利益出发，实行人事、劳动、教育等制度的结合，进行统筹安排和管理，使图书馆员的利益与组织目标紧密结合，增强馆员"上岗靠竞争、竞争靠能力、能力靠培训"的意识，树立终身教育的新理念，使知识、能力成为上岗和收益分配的要素。实行培训、使用、考核与待遇等育人、用人一体化制度和岗位资格证书制度，能增强馆员培训的动力，为馆员能力的提高提供制度保证，实现图书馆培训的最终目的。

（三）建立图书馆人力资源培训机制

1. 树立"以人为本"的培训理念

"以人为本"的培训理念是人力资源培训的宗旨，"以人为本"的培训理念在人力资源培训方面主要体现在实践"人职匹配"理论。

所谓"人职匹配"，又称职业能力匹配，就是指从事某一职业的人的能力与该职业的相互适应性，即平常所说的某个人是否适合从事某项工作。图书馆要最大限度地让每位馆员发挥其所具备的才能，并使他们的才干朝着有利于图书馆目标实现的方向发展。

2. 倡导"平等培训"的图书馆培训文化

"以人为本"的培训理念首先是要具有一种平等的观念，要尊重每位馆员，对于每一个层次的馆员，制订相应的职业发展规划，并给予相应的平等培训机会。平等培训的人才观念，体现了"以人为本"的图书馆管理理念，是图书馆管理理念中不可缺少的一部分，是图书馆人才保障的最重要的因素。

3. 制订合理的培训规划

首先，根据未来图书馆发展目标及图书馆人力资源状况和财力资源的具体特点，制订馆员的培训规划和职业生涯规划；其次，确定培训区域、培训领域和培训对象，尽快制订一个统一的、合理的培训管理计划，提高馆员队伍素质，不断提升图书馆发展的动力。

4. 建立可行的培训制度

建立培训制度是人力资源培训的保障。图书馆应尝试建立以下几种培训制度：培训服务制度、入职培训制度、培训激励制度、培训考核评估制度和培训奖惩制度等。

图书馆人力资源培训的成功有赖于培训制度的指导与规范，而培训制度的内容必须服从或服务于图书馆的整体发展目标。建立培训制度，可以考虑纳入图书馆法的范畴，用法规来保障图书馆人力资源的培训。

二、图书馆人力资源开发

（一）图书馆人力资源开发的概念

广义的人力资源开发通常指以国家为主体的宏观人力资源开发。它是指国家或企业对所涉及范围内的所有人员进行正规教育、智力开发、职业培训和全社会性的启智服务，即是培植人的知识、技能、经营管理水平和价值观念，并使其潜能不断获得发展和得到最充分发挥的过程。

狭义的人力资源开发通常指以组织为主体的微观人力资源开发。它是指组织通过向其员工提供各种学习机会和活动，以改进员工能力水平和组织业绩的一种有计划的、连续的工作。

图书馆人力资源开发指的是狭义的人力资源开发，是运用现代管理的原理与方法，对图书馆人力资源进行合理的培训、组织与调配，使人力与物力经常保持最佳比例。同时，对人的思想、心理和行为进行恰当的引导、控制和协调，充分发挥人的主观能动性，使"人尽其才，事得其人"，进而实现图书馆的工作目标，以适应社会、经济、文化等诸多环境发展变化对图书馆服务提出的更高要求。

图书馆人力资源开发的最终目标，就是实现图书馆员和图书馆事业的共同发展，从而最大限度地满足读者或用户对文献信息的需求，完成图书馆的使命，适应网络环境下的对外服务模式。

（二）图书馆人力资源开发的内容和方法

1. 图书馆人力资源开发的内容

人力资源素质是一个系统结构，能力是核心，品德是关键。人力资源的素质结构决定了人力资源开发的内容结构，图书馆人力资源开发内容主要包括生理素质开发、心理素质开发、思想品德素质开发（伦理开发）和职业能力开发。

（1）人力资源的生理素质开发

开发人力资源的前提是保护人力资源。要保护人们在工作过程中的人身安全和身心健康，需要研究人体在各种工作条件下生理反应的规律，研究人们在工作过程中运动系统、神经系统、循环系统、呼吸系统及感觉器官的变化规律，研究营养、代谢与体温调节、环境与人体健康，以及工作过程中人体机能状态的变化规律。

运用科学的原理和方法，一方面最有效地进行工作，另一方面有效地消除疲劳。图书馆管理者要研究图书馆员产生疲劳的生理机制和原因，以及消除疲劳的方法和途径。

（2）人力资源的心理开发

人的巨大潜能，首先表现为心理潜能。所谓人力资源的心理开发，主要是运用心理学和行为科学发展的成果，来研究馆员的动力源泉、动力结构、动力机制及其他一些影响馆员动力的因素，并运用其研究结果，指导和影响人力资源开发活动。

作为劳动主体的自然人——图书馆员，有思想、情感和理智，是图书馆诸因素中最积极、最活跃的因素。无论是图书馆的发展，还是图书馆的工作创新，都离不开对馆员积极性的调动。

激励理论认为，影响个人的工作积极性的因素主要有两大类：一类是环境因素，包括自然环境、物质环境（亦可称工作的硬环境）、心理环境（亦可称工作的软环境或组织文化氛围）；另一类是个体心理因素，包括工作动机、工作情绪与工作的满意度等。大量的研究表明，个体的工作积极性是影响个体工作绩效的重要因素。

（3）人力资源的伦理开发

人力资源的伦理开发主要通过人类劳动过程中的道德理想、道德信念、道德规范、道德观念、道德情感、道德行为、道德品质、道德教育、道德评价和道德控制等一系列劳动伦理问题的研究和指导，使馆员能够正确认识和处理道德与利益的矛盾。

人力资源的伦理开发还包括调整工作过程中的人际关系。馆员之间的谦让、团结、友爱，是劳动伦理的重要组成部分。在网络环境下，工作过程的分工越来越精细，协作越来越密切，更需要馆员相互间的支持和配合。

人力资源伦理开发的任务，就是要使图书馆员培养和树立责任感、义务感、正义感、道德感，培养和树立事业心、同情心，唤起良知，唤起恻隐之心、羞耻之心、礼让之心和是非之心，不断地提高图书馆员的劳动伦理素质。

（4）人力资源的能力开发

所谓能力开发是指馆员能力的培养和提高。人的能力包括观察能力、记忆能力、注意能力、思维能力、学习能力等多方面。随着科技的迅猛发展，知识经济的到来，知识的更新越来越快，创新成为图书馆组织在竞争中维持不败的法宝。人力资源的创新能力成为图书馆竞争优势的根本。

创新能力是指根据预定目标和任务，运用一切已知信息开展能动思维活动，产生出某种新颖、独特、有社会或个人价值的智力品质。

人力资源创新能力开发应从两个方面入手：一是做好人力资源创新的条件建设，即为人力资源潜在创新能力向现实创新能力的飞跃提供优越的外部条件；二是人力资源创新能力的运营，即从人才的角度出发，研究如何更好地充分开发、激励、配置人力资源的创新能力。

2. 图书馆人力资源开发的方法

它是指将人力资源开发分为职业开发、管理开发、组织开发、环境开发四大环节来研究人力资源开发的方法。

（1）职业开发

职业开发是指以馆员的职业生涯为对象的人力资源开发活动。它包括以下五个方面的内容：第一，改进个人职业生涯规划，帮助馆员更有效地应对和摆脱工作困境；第二，改善所有职业阶段上的匹配过程，使处于早、中、晚期职业危机的组织和个人都能更有效地解决这些危机；第三，正确处理馆员在职业中、晚期出现的落伍退化、激情消失、但求安稳的问题；第四，在不同的生命阶段使家庭和工作取得均衡；第五，使所有有显著贡献和无意沿组织阶梯攀升的馆员保持效率和动力。

（2）管理开发

管理开发的基本手段包括法纪手段、行政手段、经济手段、宣传教育手段等。

法纪（法律、纪律）手段。法律由国家依法定程序制定、颁布和实施，纪律则由国家机关、企业、事业单位和其他社会组织在其权力范围内制定和执行。两者都具有规范行为的作用，统称法纪手段。

行政手段。行政手段是指依靠组织和领导者的权威，运用强制性的命令和措施，通过组织自上而下的行政层次的贯彻执行，直接对下属人员施加管理的手段。

经济手段。经济手段是通过把个人行为结果与经济利益联系起来调节馆员行为的一种管理手段。其主要特点是非强制性和间接性，它不像行政手段那样对被管理者的行为进行直接和强制性的干涉和支配。

宣传教育手段。宣传教育手段是指通过对法律、政策、规章制度的宣传和理想、道德的教育，提高人们的认识水平和思想水平，使他们自觉地为实现组织目标而努力的方法。

（3）组织开发

组织开发是提高组织能力的一项技术措施，其基本目标是改变组织氛围、组织环境和组织文化。每一个组织都有自己的目标，这些目标都是通过对外部环境的观察，针对某些用户尚未满足的需要来制定。而组织的成功与否在很大程度上取决于如何对人进行选择、培训、管理，使每个人都能充分发挥自己的作用。

在正常情况下，组织开发的重点是组织的协作能力，解决组织内部冲突和矛盾，建立合作的目标，改变组织价值观和组织文化，旨在提高组织的工作效率和效能。

组织开发与管理开发之间的主要区别是，组织开发应注意的是组织及其工作环境，而管理开发是指对个人行为的激励和规范。

（4）环境开发

人力资源开发活动的环境包括社会环境、自然环境、工作环境和国际环境。其中，社会环境从宏观上制约着人力资源开发活动。自然环境作为一种客观存在，人们只能将其对人力资源开发活动的负效应降低到最低限度，而无法消除其负效应。工作环境直接影响着人力资源积极性的提高及能力的发挥程度。国际环境则从世界范围内对国内的人力资源开发产生影响。

环境虽然可以被利用来满足人力资源开发的种种需要，但环境的利用有着极大的弹性和多方向性，存在着是否充分、合理利用的问题。如果对环境利用不当，人力资源开发就会受到环境的制约。因此，人力资源开发必须坚持在正确认识环境的基础上合理地利用环境。

（三）图书馆人力资源开发的措施

1. 转变观念，树立正确的人力资源开发新理念

人力资源是图书馆所有资源中最重要的资源，它拥有其他资源所没有的协调能力、融合能力和判断能力，是图书馆中最能动的资源。因此，要坚持"以人为本"的管理理念，充分发挥图书馆员的积极性、主动性和创造性，充分发挥馆员与用户之间的双向互动功能，充分发挥人力资源开发在经济发展中的基础性、战略性和决定性作用。在"以人为本"的开发理念中，图书馆管理者必须树立全新的用人理念，改变传统的思维模式，摒弃"重物轻人"的思想，鼓励馆员去学习新知识、掌握新技能，以适应不断变化的环境，最大限度地发挥馆员的积极性、主动性和创造性。

2. 实施图书馆人力资源的政策性开发

政策性开发可以保证图书馆人力资源开发的连续性和制度化。图书馆管理者须制定一套尊重馆员个人发展需要的规章制度，以保障馆员的科学培训和合理使用。

尽快制订并实施多层次人力资源开发的规划，减少由于人员方面的原因给图书馆带来的损失，及时调整人力资源的不平衡状况，进行人力资源的合理配置，使馆员更好地适应工作的要求。多层次的人力资源开发，就是对人力资源做到有针对性地开发、成梯次地开发和超前性地开发，保证人力资源开发的连续性和制度化。在人力资源开发的过程中，不仅要着眼于近期培养，稳定和吸引高层次的业务带头人，而且还要着眼于长期专业梯队建设，使业务群体优势不断延续。

3. 实施图书馆人力资源的激励性开发

激励性开发是激发、调动馆员工作积极性和创造性的重要手段。激励的形式就其内容可归纳为目标激励、精神激励和物质激励。其中精神激励可以有效地激发馆员的工作热情，使人性得到完美的发展。精神激励是通过对馆员的尊重、信任、鼓励、赞赏来激发他

们的精神愉悦感，使他们的潜能有效地发挥。对于管理者来说，应及时了解馆员的需求和动机，有目的、有针对性地对馆员实施各种激励方法。根据部门、职位、工作职责的不同，并在考察图书馆馆员个人的专业、学历、特长、技能、发展方向和个性的基础上，为他们提供更具挑战性的工作任务，使他们在工作实践中不断学习新技能、积累新经验、掌握新的管理方法。

4. 实施图书馆人力资源的培养性开发

图书馆人力资源培养性开发主要指以教育培训的方式来进行开发，包括馆员知识的更新、技能的扩展、素质的提高等。在网络环境和不断变化的社会环境下，有计划、有目的地对图书馆馆员进行专业知识和业务技能的培训，使他们在思想观念、价值取向、思维方式、心理素质等内在层面得到革新，重新构建他们的知识结构，不断补充、更新和完善专业知识，提高馆员的业务工作水平。在对馆员进行专业知识培训的同时，还要重视其他相关知识和技能的培训，特别是计算机操作技能和网络知识、外语及其他相关学科的专业知识，尤其要注重馆员"情商"培养，增强其应变能力、沟通能力，使他们真正成为图书馆的咨询专家、知识导航员，成为一专多能的复合型人才，为图书馆发展储备充足的人力资源，更好地适应现代化图书馆的建设和发展。

5. 实施图书馆人力资源环境的开发

随着社会经济的发展和现代化技术在图书馆逐步运用，图书馆的文献信息载体、服务手段和服务方式及管理方式都在发生着根本变化。图书馆工作既具有传统工作内容，又具有现代工作内容的双重特征。因此，要将人力资源的开发纳入图书馆的总体目标和规划中，用科学的准则发现人才、合理开发和使用人力资源。在合理的组织结构、文化结构和知识结构下，优化人力资源开发环境，提高馆员的待遇与工作条件，创造一个人际关系宽松、和谐的工作环境，形成良好的环境氛围。

6. 实施绩效评估，开发图书馆人力资源的潜能

图书馆的绩效评估，是指图书馆采用科学的方法，对馆员的工作完成情况及在工作中所表现出来的态度、心理素质、工作技能、业务水平、知识素质等进行考察的过程。绩效评估最直接的目的就是提高馆员的绩效水平。通过绩效评估，发现馆员的不足及原因，然后反馈、与他们沟通，帮助馆员认识不足并指导其改进。同时，在绩效评估中，还能发现馆员的潜能，进一步促进对图书馆人力资源的开发，提高工作绩效。

7. 实施设计、开发图书馆人力资源职业生涯规划

职业生涯又称职业发展，它是指一个人从确定职业目标开始，通过职业学习，从事各

种职业，直至职业劳动最后结束的所有职业工作历程。在现代社会中，职业对于大多数人来说都是极其重要的。对于组织来说，是为了适应外部环境的变化，确保在需要时可以得到具备合适资格和经历的馆员，并保证馆员的献身精神与忠诚度；对于馆员来说，是为了使自身在其职业生涯中能力获得不断提高，潜能得到最大限度的发挥，实现人生的价值。因此，要依据图书馆每个人的具体情况，如：专业、学历、兴趣、技能、发展方向等，为其设计职业生涯规划，最大限度地发挥每位馆员的个人潜能，帮助馆员获得全面发展。

8. 完善图书馆人力资源信息数据库，为开发图书馆人力资源提供依据

人力资源信息管理是一项信息量大、交互繁杂的工作，涉及的内容既广且多，包括从人员聘入直至调出或退休的整个过程中人员的基本情况。它分为三大类：人事信息、业务信息、学术成果信息。人事信息包括基本情况、学习简历、工作经历等，反映人员的调进、录用、任免、专任、奖励、处分和调出等变动情况，具备一定的统计功能；业务信息包括岗位变动、完成工作量统计、业务能力考核等；学术成果信息包括学术专著、学术论文、科研项目及课题奖励等。因此，应加快对图书馆人力资源信息数据库的开发和完善，使其达到规范化、标准化和现代化，为开发图书馆人力资源提供重要的依据。

第四节　图书馆人力资源绩效管理

一、绩效管理概述

（一）绩效的性质

1. 多因性

绩效的多因性是指绩效的优劣不是取决于单一的因素，而是受制于主、客观多种因素的影响。比如，员工的自身能力、工作动机、价值观、环境和机会等，其中员工自身能力、工作动机、价值观是主观因素，而环境和机会则是客观因素。

2. 多维性

工作绩效的多维性是指需要沿多种维度或方面去分析或考评。考查一名员工的绩效时，除了工作数量、质量、出勤、纪律等指标外，还要对工作行为过程和个人态度等方面进行考评。

3. 动态性

员工绩效的动态性是指员工的绩效不是长年累月固定不变的，随着时间和环境的变化，绩效差的可能会有所改进，而绩效好的也可能会发生逆转。因此，管理者一定要充分注意绩效的动态性，根据实际情况来进行绩效考评，而不能用一成不变的思维来看待有关绩效的问题。

绩效考评标准可以分为两类：一类是绝对标准，一类是相对标准。与此相对应，绩效考评也可分为绝对考评和相对考评。绝对考评是按绝对标准考评员工的绩效，如：量表法、目标管理法等；相对考评是根据部门或团队内人员相互比较进行考评，如：比较法、关键事件法、量表法和目标管理法等。

（二）绩效管理的概念

绩效管理是一种综合管理组织和员工个人绩效的过程，这个活动过程根据预先设定的工作目标，通过对绩效的组织、实现和控制，以促使目标得以实现。绩效管理通过持续的沟通和规范化的管理，可以有效整合员工的工作目标与组织目标，不断提高员工个人绩效和组织绩效，使两者协调发展。它包括绩效计划、绩效实施、绩效评估和绩效反馈四个环节。

二、图书馆人力资源绩效管理的内容与原则

图书馆人力资源绩效管理是一种基于人力资源管理信息系统的先进管理理念，是一种开发团队和个体的潜能及提高馆员的绩效，使图书馆不断获得成功的管理思想和管理方法。

（一）图书馆人力资源绩效管理内容

图书馆人力资源绩效包含两个方面的内容：一方面是指馆员的工作成果，表现为馆员完成工作的数量、质量及其他贡献；另一方面是指影响工作成果产出的馆员素质、价值观、态度和行为、表现等。图书馆人力资源绩效管理是图书馆管理者与馆员双方就被管理者的产出目标及如何实现这些目标互相沟通、达成共识、周期性的持续关注，促进图书馆实现社会职能的管理方法和过程。

过去，图书馆的人事考评、馆员考评只针对图书馆中的每个馆员所担任职务、职责的履行程度等，运用科学的定性和定量的方法，对馆员行为的实际效果及其对图书馆的贡献、价值进行有组织和客观的考核和评价。但是在网络环境下，社会知识共享，图书馆人力资源绩效考评应当明确以网络环境下知识共享为导向，在传统考评的基础上，重点考查其在知识共享上的工作业绩。对咨询馆员来说，要考评其回答读者问题的响应速度、数

量、质量及用户满意度等内容；对流通部门的馆员来说，要考评其服务的满意度和环境质量（安静性、有序性等）；对于采编部门的馆员来说，主要考评其与他人合作、沟通、协作完成任务的能力和效果，如果缺乏协作精神，或者缺乏应有的素质，则势必造成采购质量的下降、整个图书馆藏书质量下降的后果。除此以外，还要考评馆员对本部门乃至图书馆所提出的合理化建议（主要属于非专业化知识的共享）和建议的数量、质量，以及采纳后的效果等内容。对于图书馆管理者来说，则主要考评其在图书馆管理中的知识共享整体绩效，包括内部知识整理绩效、内部知识共享绩效和外部知识服务绩效，如：是否有明确的知识共享方针、是否出台有关知识共享的政策、是否形成鼓励知识共享的制度、是否培养知识共享的氛围、是否建设知识共享的文化等。当然，全馆的知识共享是通过全体馆员来完成的，图书馆管理者在管理上促成的知识共享绩效也要通过全体馆员的知识共享绩效来体现。

（二）图书馆实施人力资源绩效管理应遵循的原则

1. 以人为本的原则

管理思想的精髓是"以人为本"。图书馆管理者须重视馆员个人的价值，需要让馆员充分参与图书馆管理，积极为图书馆出谋划策，实现其作为图书馆一员的地位和价值。重视馆员的发展，在完成图书馆绩效目标的同时，实现馆员个人价值和职业生涯规划。

2. 有效沟通的原则

绩效沟通贯穿绩效管理的全过程，无论是绩效计划的制订还是绩效计划的实施、无论是绩效评估指标的制定还是绩效评估结果的反馈，都必须强调管理者与馆员不断的沟通。这是保证绩效计划科学性、评估指标客观公正性、绩效结果公众认可性的重要环节。

3. 科学考核的原则

进行公平、公正、合理的考核是绩效管理的重要环节。没有科学的考核机制就无法衡量馆员的绩效，也就无法在考核基础上对绩效目标进行修正、推进。考核行为要经常化、制度化。

4. 绩效反馈的原则

绩效考核必须重视考核结果的及时反馈沟通。一是使馆员发现自己的成就和优点，从而对馆员起到积极的激励作用；二是就馆员工作中存在的问题与馆员进行沟通分析，找出其原因，并共同确定下一阶段绩效改进的方法。

5. 适度激励的原则

适度激励和激励制度化是绩效管理成功实施的重要保证。激励包括工作过程的精神激励、物质激励，也包括依据绩效考评的结果，对馆员晋升、增加福利等正向激励和降级、扣奖金等反向激励。激励应尽量制度化，体现激励的公平、及时和全面性。

三、图书馆人力资源绩效管理的实施及措施

（一）图书馆实施人力资源绩效管理的流程

图书馆实施人力资源绩效管理是一个综合体系和一个不断提升的过程，一个较为完善的绩效管理系统由相互关联、相互依存的五个关键性的流程组成，即制订绩效计划、绩效计划实施与管理、绩效考核、绩效反馈、绩效结果的应用和改进。

1. 制订绩效计划

绩效计划是图书馆绩效管理最重要的步骤，是图书馆管理者和馆员进行沟通与互动、对工作目标和评估标准达成共识、形成契约的过程。

（1）设定绩效目标。图书馆管理者根据图书馆的发展规划和实际情况，在广泛征求馆员意见的基础上，制定具体的绩效目标。设定绩效目标时，要注意把握以下原则：第一，在图书馆整体目标下，要正确界定岗位职责，统一制定各部门及每位馆员的绩效目标，将图书馆的发展目标分解落实到每一个岗位，实现个人绩效与部门绩效、图书馆绩效的有机联动，做到任务层层分解，压力层层传递，保证每位馆员都按照图书馆发展目标的方向去努力，使图书馆的战略目标得以落实；第二，设定绩效目标时，应注重馆员的共同参与，重视馆员的意见和建议，采取上下反馈、共同制定的方式，将图书馆的"愿景"与馆员的"个人愿景"有机地结合起来，将个人的前途与图书馆的发展联系在一起，共同完成图书馆的战略目标。

（2）确定绩效评估的标准。设定绩效目标后，就要确定评价绩效目标的标准，以此作为考核的尺度。在评价绩效目标时，要严格、合理、准确、清晰，使考核的标准尽可能的明确、具体并具有可操作性。首先，将定量指标与定性指标相结合。如：采访、编目数量、图书流通量、馆员出勤率等都可以用量化的指标来衡量。根据图书馆实际工作情况，将难以量化的项目，如：读者服务满意度、工作态度、敬业精神等指标从定性角度去考评，尽可能细化并规定具体要求，使定性指标具有量化特征。根据各考评指标对馆员绩效影响的程度赋予它们不同的权重。其次，对标准设定应区分层次，明确绩效要达到什么程度是合格水平，什么程度是优秀水平，给馆员提供对绩效的期望标准。最后，评价绩效目标时，应抓住关键的业绩指标，太多、太复杂的评价指标只能增加管理的难度和降低馆员

的满意度，达不到绩效管理的目的。

2. 绩效计划实施与管理

图书馆作为一个服务部门，其绩效主要体现在图书馆的具体工作中。绩效计划实施与管理是图书馆管理者和馆员共同完成绩效目标的关键环节，主要有两个方面的工作，具体如下：

（1）绩效沟通与辅导。在实施整个绩效计划期间，需要管理者不断地对馆员进行指导和反馈，即进行持续不断的绩效沟通。一般而言，沟通与辅导按层级进行效果比较好，因为部门领导对下属人员承担着直接管理与监督的责任，对实际情况也比较了解，因此，馆长与部室主任之间、部室主任与一般馆员之间互相沟通，有利于发现问题和解决问题。部室主任要持续地、周期性地关注本部门工作人员的工作进展情况，及时了解馆员在完成绩效计划过程中遇到的困难或其他未意料到的潜在问题，通过共同分析存在问题的原因，努力帮助馆员排除障碍，不断辅导馆员改进和提高业绩，并将绩效指标完成的进度等情况定期与馆长交流沟通。在绩效沟通中，图书馆管理者要掌握好沟通的技巧，使馆员感觉到即使指出他们工作中的缺点和失误，目的也是使其工作成绩进一步提高，避免馆员产生抵触心理。

（2）收集、完善馆员的绩效数据。在绩效计划实施过程中，收集馆员绩效相关数据并建立完善的业绩档案，为下一阶段公正评价馆员的业绩水平提供依据，并保证绩效考核的公正性。各部室主任需要注意考查馆员的行为表现，并做必要的记录；同时，要注意保留与员工沟通的结果记录，必要的时候请当事人签字认可，避免在年终考评时出现意见分歧。绩效数据收集有考勤记录、工作记录、关键事件记录、定期检查等方法。要注意的是，数据记录和收集必须以绩效为核心，注意收集能够反映馆员优秀绩效或较差绩效的事实依据。

3. 绩效考核

绩效考核是图书馆人力资源管理中至关重要的一项职能。其目的在于：通过考核进行奖惩，给图书馆员工以适当的压力，激励馆员进取，充分发挥自己的潜能，尽全力完成工作目标。

（1）考核标准。图书馆绩效考核标准概括起来应为德、能、勤、绩、廉五个方面。

德，主要看图书馆员的职业道德素质、工作责任心、服务精神和团队意识等。

能，主要看图书馆员的业务知识水平、技能、学习能力、与人协调共事的能力、处理问题、解决问题的能力及科研能力等。

勤，主要看钻研、勤奋进取的精神，遵守纪律情况等。

绩，主要看承担的工作量、工作质量、工作效率、工作效益等。

廉，主要考核廉洁从业方面的表现。

（2）考核内容。图书馆考核内容主要包括业务考核、考勤和科研等方面考核。

业务考核、考勤和科研考核由主管领导和图书馆党政主要负责人对图书馆人员的业务、考勤和科研进行量化打分考核，考核结果以所得分数和综合评价来表示，考核结果分为优秀、称职（或合格）、基本称职（或基本合格）、不称职（或不合格）。考核达到90个工作量以上的为优秀，在80至90个工作量之间为合格，工作量在70至80个之间的为基本合格，达不到70个工作量的为不合格。凡有以下情况之一者，均为不合格：第一，受到党内严重警告以上（含严重警告）或行政记过以上（含记过）处分的；第二，工作严重失职，给图书馆利益或声誉造成严重损失、重大事故或不良影响的；第三，连续旷工时间超过规定天数或一年内累计旷工时间超过规定天数的；第四，工作责任心差，受到读者投诉一年内查实累计若干次者。

（3）考核测评标准。

第一，业务考核标准。在不同部门工作的图书馆人员的业务工作计量标准均以满工作量100分折合90个标准工作量计算，根据专业技术职务（研究馆员、副研究馆员、馆员、助理馆员、管理员）的不同，应同时达到各级相应的岗位职责的要求。

第二，考勤考核标准。考勤满分（满勤）100分相当于10个标准工作量，按时上下班，不缺勤，工作态度认真的，可得满分。对旷工、迟到、早退、离岗及事假和病假等情况，要酌情扣分。

第三，科研考核标准。科研主要从论著、论文和主持或参加科研课题等方面考核。

一般论著标准是指公开发表与本专业或图书馆有关的专著，给予相应的分值。

论文的标准按照国家一级刊、核心刊、省级刊等不同等级来划分并对应不同的分值。对于不在核心期刊上发表或会议上交流的论文，但其影响力较大，也要酌情考虑给予相应的分值。

科研标准划分为：主持国家级科研、参与国家级科研，主持省（部）级科研、参与省（部）级科研，主持市（厅）级及以下科研、参与市（厅）级及以下科研。针对不同等级的级别，给予相应的分值。

科研成果要求以本人岗位所涉及的专业学科的成果为准，其他学科科研成果不计得分；考虑到科研工作成果具有一定的特殊性，可用聘期内科研工作总量的平均值进行考核。

当然，图书馆应根据本组织的具体情况，规定聘期内对科研成果的要求。

第四，担任其他工作的测评。

担任其他方面的工作，如：兼任图书馆各部室主任、兼做部分行政业务管理工作的人员、兼任本单位工会分会主席或学术委员会、图书馆工作委员会等职务及图书馆认定的各项社会公益工作等，根据工作量的大小，记一定标准的工作量并对应一定的分值。

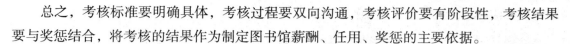

总之，考核标准要明确具体，考核过程要双向沟通，考核评价要有阶段性，考核结果要与奖惩结合，将考核的结果作为制定图书馆薪酬、任用、奖惩的主要依据。

4. 绩效反馈

图书馆绩效考核的最终目的是鼓励馆员更好地履行岗位职责。将考核结果及时反馈给馆员，使其了解自己的业绩状况，也使上级管理者了解下级工作中存在的问题和意见。如果对绩效考核结果进行保密，则会导致馆员对组织的不信任、不合作。

绩效反馈主要采用面谈的方式，面谈是在最终的绩效评价结果生效之前进行的工作。面谈的方式，主要是由馆员的直接上级领导向馆员反馈考核结果。面谈前要做好适当的准备，面谈时要掌握好原则与技巧，有利于反馈面谈的顺利进行。及时而妥善地进行考核结果的反馈面谈，可以使馆领导与馆员就考核结果及其原因、成绩与问题及改进的措施进行及时有效的交流，对绩效考核结果达成共识，并在此基础上制订绩效改善计划和馆员未来事业发展计划。总之，积极有效的绩效反馈面谈，可以及时地核对考核结果的正确性，纠正考核差错，增强上下级之间的信任度，还可以使馆员了解自己的工作状况，明确努力的目标和方向，激发上进心和积极性，提高工作绩效，从而使图书馆的整体绩效得到更大的提高。

5. 绩效结果的应用和改进

通过绩效考核结果的正确应用，建立一个公平且富有激励作用的选拔、奖惩制度，进一步提高图书馆的整体绩效。绩效考核结果的应用主要有以下三个方面：一是作为利益分配和人力资源管理决策的基础。绩效考核结果是人事决策的重要参考指标，绩效的大小反映了个人对图书馆所做贡献的大小，馆员的升迁、任免、调任、薪酬分配等人事决策，都应与绩效考核结果挂钩。对馆员要有正面的引导作用，使他们更加明确自己努力的方向。二是把绩效考核结果作为馆员接受培训和继续教育的依据。因为培训和继续教育是改进图书馆工作的有效举措。为此，图书馆应通过培训教育前的需求分析，根据馆员的工作特点及岗位要求，特别是针对绩效考核中所暴露出的问题，在思想素质、业务水平、综合能力及人文精神等方面开展有针对性的培训和继续教育活动。三是作为发掘馆员潜能的依据。通过绩效考核的结果可以发现馆员的潜能，然后将其调到更适合发挥其才能的工作岗位上，促使馆员在以后的工作中发挥长处，改善不足，进一步提高工作绩效。

由此可以看出，图书馆绩效管理是一个螺旋式的、呈上升趋势的、环状连续管理系统，与传统图书馆管理中单独的绩效考评有很大的区别。绩效管理既不是简单的目标管理，也不是简单的绩效考评管理，它特别强调管理过程中持续的沟通、反馈，强调辅导、指导的过程以帮助馆员提高实现工作目标的能力。绩效管理的真正内涵在于重视过程管理来达到绩效管理的目标，而不是简单的目标管理。要根据实际情况的变化，在实践中不断探索、总结经验，使绩效管理不断地发展和完善。

（二）图书馆人力资源绩效管理问题及措施

1. 图书馆人力资源绩效管理存在的问题及原因

（1）绩效管理计划与绩效考评工作相脱节。图书馆员每年年初都会层层签订岗位责任制、业绩合同，但是签订完之后缺乏有效的监控与反馈，年终草草考评。

（2）把绩效管理等同于考核。虽然考核是绩效管理的重要组成部分，也是评价绩效完成情况的重要手段，但是绩效管理不等同于考核。绩效管理是管理人的绩效，注重馆员怎样提高绩效及其自身的未来可持续发展。绩效考核考察的是一种结果，动态性和综合性比较欠缺，它不是绩效管理的全部，只是其中的一个环节、一个步骤。如果将二者等同起来，那么绩效考核的一系列弊病就会明显地打击馆员的积极性，而且很容易滋生馆员各自为战、冷漠无情、钩心斗角的潜在心理，使整个图书馆缺乏协作精神和团队意识，这样不利于图书馆的发展。

（3）考评缺乏标准。对于结果或过程的优劣缺乏量化的标准，存在管理者主观性强的现象或对评价标准自由裁量权很大，致使最后的考评没有标准可依。

（4）奖罚困难。绩效管理与薪酬、职位晋升等相脱节，成为程式化的行为，挫伤馆员提升业绩的积极性。

（5）缺乏沟通。沟通是绩效管理的核心。绩效管理包括两个主要的环节：一是制订绩效计划，二是实施绩效计划。但在工作过程中，管理者与馆员往往就工作目标、标准、进展中的障碍等缺乏沟通，年终的绩效考评被某些小团体所左右，致使馆员对绩效管理抱有抵触的心理。

（6）对绩效管理认识不足，忽视战略开发、目标实施等环节。传统的图书馆管理注重绩效考评工作，把它作为阶段性的一项管理程序，而轻视了战略开发、目标实施过程的监控和运用绩效考核结果等环节。事实上，战略开发、制定目标等工作与图书馆绩效考评同样重要，它也是图书馆绩效管理的重要组成部分之一。

究其原因，一是时代的快速发展，使得图书馆考评体系的建立存在滞后倾向；二是人力资源状况欠佳且人力资源管理工作不到位，馆员队伍整体素质偏低且继续教育工作不被重视，专业人才、高层次人才引进困难且流失严重；三是图书馆办馆的社会效益具有间接性、潜在性和模糊性等特点。这些导致图书馆职业价值显现困难，使图书馆的职业吸引力不大，容易使馆员产生职业厌倦，导致馆员倦怠、情绪低落、工作积极性不高。

再加上图书馆管理者和馆员对绩效管理的重要性认识不足，忽视战略设计、设定绩效目标、实施绩效目标和运用绩效结果等环节；绩效考评体系不健全、不科学；考评过程中人为因素干扰较大，使考评结果失去公正性。此外，由于图书馆员社会地位低、职业报酬低、工作强度大、工作创新性差和社会偏见等原因，使馆员容易产生一种不平衡感，对自己所从事工作的价值产生怀疑，从事工作的态度不够积极。这样的现状、这样的价值观、这样的工作态度，导致馆员创造绩效的原动力不足。

2. 图书馆人力资源绩效管理措施

（1）高度重视图书馆人力资源绩效管理，树立正确科学的绩效管理观。图书馆管理者要高度重视绩效管理对图书馆人力资源管理的重要性，从思想上打破传统的绩效管理观念，树立正确科学的绩效管理观念，重视绩效计划和绩效目标的制订，不断提高馆员绩效管理意识和绩效水平，使馆员的个人能力和图书馆的核心能力得到不断提升，真正实现图书馆和馆员的共同发展。

（2）建立可行的图书馆人力资源绩效管理制度。①在沟通的基础上制订绩效计划。图书馆管理者同馆员共同分析图书馆的远景发展计划、本年度的工作计划及馆员的职责分工计划和上一年的绩效反馈报告等，在此基础上制订出下一步适合图书馆的可行绩效计划。②制定科学、可行的绩效考核方法和绩效考评标准。现代绩效管理的重要标志之一就是量化管理，这对于馆员绩效管理来讲尤为重要，如果能够将岗位职责和绩效考评进行量化规定，形成统一的制度和标准，这样图书馆人力资源的绩效管理就有一个统一、规范的标准可依。目前，绩效考核的方法有很多种，从图书馆的工作特点来看，对图书馆员的绩效考核比较适宜采用综合等级评估法（定性与定量相结合方法），也就是对馆员工作所有评估要素分配一定的分数值，各岗位员工按照本岗位的关键指标，根据分值评判规定对自己的工作进行打分，然后将所得分数进行汇总，即得到其最终的工作绩效评价结果。以所得分数来衡量工作绩效，可以直观地看出每个人之间的差别，以此作为依据来进行选拔、奖罚和升（降）薪，可以较好地保证绩效考评的公平、公正，促进图书馆绩效管理效率的提高，调动馆员的工作积极性。

（3）加强与馆员的沟通和反馈，提高绩效管理的效果。绩效管理必须重视绩效考评结果的及时反馈和沟通。通过这种沟通和反馈机制，可以及时核对考评的结果是否合理，纠正考核差错，避免图书馆管理目标偏离，确保目标的完成；避免发生馆员因得不到有效的反馈而缺乏动力的现象；避免因表面现象造成误解，增强图书馆管理者和馆员之间的信任度。同时，还可使馆员了解自己的工作状况，指明馆员努力的目标和方向，将绩效考评结果与馆员的薪酬、职位升级等有机地结合起来，以激发馆员的上进心和工作积极性，从而提高图书馆的整体绩效。

第五章 图书馆财力资源管理研究

第一节 图书馆的理财环境和经费拓展

一、图书馆的理财环境

（一）图书馆理财环境的概念与分类

理财环境是指对图书馆财务活动和财务管理产生影响作用的图书馆内外的各种条件。

图书馆的财务活动是受理财环境制约的，图书馆内外的各种因素对图书馆财务活动都有重要影响。也就是说，图书馆只有在理财环境的各种因素作用下实现财务活动的协调平衡，才能生存和发展。

按照不同的标准可以对图书馆的理财环境进行不同的分类。

图书馆是整个社会经济体系的一个细胞，按照图书馆理财环境的范围，可将其分为宏观理财环境和微观理财环境。按照图书馆财务管理环境的稳定性，可将其分为相对稳定的理财环境和显著变动的理财环境。图书馆的理财环境总的来说不是一成不变的，但如图书馆的地理环境和根本宗旨等一样，一般变化不大。对这些条件一旦认清以后，如无特殊情况，在进行财务管理活动时，可作为已知条件或不变动因素来对待。然而，有些理财环境往往处于显著变动状态，对图书馆的财务状况有重要的影响，如：文献价格、资金供求状况、国家的调资政策等。

（二）图书馆财务管理的经济环境

图书馆财务管理的经济环境是指影响图书馆财务管理的各种经济因素，主要包括经济周期和经济发展水平。

市场经济条件下，经济发展与运行带有一定的波动性。这种波动大体上经历复苏、繁荣、衰退和萧条几个阶段的循环，这种循环叫作经济周期。图书馆的筹资、投资和资产运营等理财活动都要受这种经济波动的影响。

改革开放以来，我国的国内生产总值增长较快，各项建设方兴未艾。国家制定了产业政策并调整了地区经济发展布局，确定了国民经济各部门的发展任务，确立了沿海、内陆、沿边及少数民族地区的发展规划。然而，由于各种因素的制约，不同地区的经济发展水平差距很大，栖身于不同地区的图书馆必定会受本地经济发展水平的影响，这种影响往往突出地体现在图书馆的筹资等理财活动方面。

（三）不同图书馆类型的理财活动

根据某些相同或相似的特征对图书馆加以分类，便形成了图书馆的各种类型。同一类型的图书馆是指具有相同或相似特征的图书馆群体。1974年，国际标准化组织颁布了《ISO2789—1974（E）国际图书馆统计标准》，把图书馆的类型区分为国家图书馆、高等院校图书馆、其他主要的非专门图书馆、学校图书馆、专门图书馆和公共图书馆六大类型。在我国，通常使用的划分图书馆类型的依据主要有三种：第一，按图书馆的领导系统，可划分为国家文化和旅游部系统所属的公共图书馆，国家教育部系统所属的学校图书馆，中国科学院、中国农业科学院、中国医学科学院、中国社会科学院等系统所属的科学、专业图书馆等；第二，按藏书范围，可划分为综合性图书馆（包括各级公共图书馆、综合性大学图书馆、工会图书馆等）和专业性图书馆（包括科学研究机构图书馆、专业院校图书馆以及厂矿企业的技术图书馆等）；第三，按读者对象，可划分为普通图书馆、儿童图书馆、青年图书馆、民族图书馆、盲人图书馆等。

图书馆的类型不同，其经费来源、预算方式和会计组织系统往往有别。例如，在我国，公共图书馆由国家拨款（包括中央财政和地方财政），一般实行独立核算，预算项目较全，其会计组织形式包括二级会计单位、基层会计单位和报销单位三种类型；而在高校图书馆、科研图书馆，由于经费只拨给所在单位，图书馆只须向所在单位的财务部门提出购书费和设备费等预算项目，其他费用由所在单位统一划拨，无须图书馆单独提出，这类图书馆通常只有两种会计组织形式，即基层会计单位和报销单位。可见，图书馆的类型不同，图书馆的理财活动就具有不同的特点。

（四）图书馆运行机制与理财活动

图书馆运行机制是指影响图书馆运行的各组成因素的作用过程和作用原理，简要地说，也就是图书馆运行带规律性的模式。从某种意义上讲，运行机制就是促使管理对象不断向管理目标逼近的客观作用力，是一只无形的"手"。图书馆系统的运行机制是客观的，具有外在强制性。不论人们是否意识到它的存在，在图书馆活动中的任何选择都是运行机制作用的结果。

目前，我国图书馆的运行机制有两种：第一，一馆一制，即一个图书馆所有的部门都按公益性事业单位运作，经济效益不是考虑的目标；第二，一馆两制，即在一个图书馆内同时存在着两种不同性质的部门，一是提供无偿信息资源服务的事业部门，二是主要生产和营销信息产品和信息服务的产业部门。显然，这两种类型的运行机制对资金的投入、使用和利益的分配具有不同的要求，图书馆理财活动应针对不同的机制采取不同的策略。

二、图书馆经费

经费是筹建新的图书馆、建立图书馆网络、开展和维持图书馆日常活动的基本条件。

（一）图书馆经费的来源

图书馆事业的经费主要有以下五种来源：

1. 国家或地方财政预算拨款

财政预算拨款包括图书馆创办费、经常费和基建费。这是图书馆经费的主要来源。

2. 政府资助或临时拨款

政府资助或临时拨款主要包括下列情况：

第一，经营性资助。有些社会需求量大且具有较好社会效益的图书馆，由于经费不足，不能很好地运行，由政府提供经营性的财政资助。

第二，辅助性资助。对少数民族地区、边远地区、经济科学文化不发达地区的图书馆提供经济援助。

第三，专项性资助。如：数字图书馆建设要由一个地区或多馆共同合作。

第四，激励性资助。拨出一笔经费分别资助给所属图书馆，凡接受这笔经费的地区和单位，必须从自己预算中另拨出一定比例的经费补助同级图书馆。

第五，业务研究开发性资助。对某些新技术研发、情报刊物的编译出版进行资助。

3. 单位为所属图书馆从本单位预算中拨款

例如，学校、科研机构、社会团体、企业、医院从本单位每年的预算总额中拨给所属图书馆一定经费。有的按一定比例拨，有的不按比例，而是根据总经费情况下拨，其金额不固定。

4. 社会捐助

这是一种选择性的公共资助，是图书馆经费的一种重要补充。社会团体和私人对图书馆的捐赠形式主要有两种：一种是长期性的赞助，另一种是一次性的资助。捐赠的内容有图书、购书专款、图书馆建筑专款、图书馆设备、科研项目费和某些服务项目费等。社会团体和私人对图书馆的捐赠一般都有一定的附加条件，如：图书馆建筑要求使用捐赠者姓名，或要求利用这笔款项开展什么工作（如：为儿童服务、为残疾人服务）等。

5. 自筹资金

自筹资金主要有两种方式：一是通过与社会团体、地方政府、厂矿企业、科研机构的挂钩、协作、扩大服务范围来筹措经费；二是积极开展有偿服务，在搞好社会公益服务的前提下，利用代译、代查、复印、定题服务、销售信息产品等经营性活动方式筹措资金。

以上几种渠道中，政府或上级主管部门拨款仍是图书馆经费的主要来源。

（二）拓宽图书馆的经费来源渠道

1. 提高政府对图书馆的重视程度，扩大政府对图书馆的投资

图书馆是一项公益性的事业，经费的主要来源是政府，这一点在现实社会中是不会改变的。无论图书馆怎样提倡创收，单纯凭借自身的各种创收就想养活一个图书馆是绝对不可能的。失去了政府的支持和投入，图书馆必将无以为继，图书馆的经费来源于政府的投资决策，这一过程不是经济过程，而是一个政治过程。经费的具体分配不是根据经费能带来利润的多少来进行的，而是根据上级领导对图书馆价值的认识来进行的。上级领导对图书馆的重视与否，直接决定了对图书馆投资的多少。不过，经费的分配者和使用者通常是分开的，政府领导要对所有的公共设施进行投资，由于无法保证对所有的公共设施的作用和价值都有足够的认识，因此公共投资的分配并不是完全公平的，有些公共设施如图书馆，由于没有被充分认识到价值所在而所得经费较少，要想扩大政府对图书馆的投资，图书馆必须引导政府行为，加强政府对图书馆价值的认识。

所采取的办法有直接和间接两种，直接是指图书馆领导广泛开展公关活动，加强与政府的合作和联系，多方宣传，争取与各种媒介建立良好的关系，多方吁请，将图书馆的地位、作用、困难及现状，多渠道、多角度地反映到主管领导面前，做好领导决策服务工作，让事实说话，面向政府开展信息咨询服务，重视政府决策的信息需求，主动而迅速地完成政府委托的咨询课题，以及时、准确的信息服务引起政府的重视，使有关方面领导明白，其所投资是物有所值的；间接是指图书馆面向社会开展各种信息服务提高自己的服务质量，在本地区经济建设中发挥作用，体现公共图书馆存在的价值，凭借自身服务，创造出社会对图书馆的依赖，争取公众的支持，以提高政府对图书馆的重视，增加相应的投资。

2. 加强图书馆立法工作，加大法律保证力度

图书馆要想获得长期稳定的发展，获得充足的经费，立法工作至关重要。我国图书馆的各种法规和制度出台了不少，但唯独没有一部图书馆法。国家有必要加强图书馆立法的

准备工作，规定图书馆经费的来源，保障图书馆建设有章可循，使图书馆经费来源和使用有法可依。

3. 发动社会力量，联合办馆

图书馆的发展离不开社会。在社会主义市场经济条件下，图书馆并不是冷眼旁观者，图书馆也要为社会经济的发展做出贡献。唯有这样，才能体现出自己的价值，也才能得到社会的尊重与认同，获得长期的发展。国家应鼓励和引导图书馆与经济、科技、文化界密切合作。随着社会经济的发展，我国的绝大多数企业已认识到信息的重要性，图书馆可主动与企业建立长期合作关系，积极面向相关企业，提供信息服务，如：开展市场调查、产品前景预测、技术分析、专利调查等，吸引企业与图书馆合作。企业通过图书馆的信息服务，提高了生产效率和效益，也必然会给予图书馆相应的投入。

4. 广辟财源，吸收捐赠

国家应制定相应的优惠政策，鼓励个人、团体捐赠图书和捐款办馆。图书馆在社会文化生活中举足轻重的地位和影响，足以吸引热衷于文化的捐赠者。捐赠者大体有四类：个人、公司、基金会和遗赠。图书馆应利用出色的项目推销自己，以吸引捐赠者，设计灵活的形式，给捐赠者以相应的回报。如果有人想提供巨额捐赠，馆长必须亲自登门拜访，以诚动人，以好的方案、设想吸引人，同时要有打持久战的心理准备，重点对象放在一批在海内外有影响的华人富商或国内外的大公司身上。

此外，还要争取得到国内外基金会的拨款。图书馆应在开发项目上下功夫，利用有吸引力的项目，争取基金会的支持，比如，网络开发和建设项目。图书馆应该同有支持潜力的国内外基金会建立起经常性的联系，不能只是在希望申请资助时才联系。对于捐赠者，无论是公司、基金会，还是个人，都需要在捐资活动后继续给予重视，不能在得到资助后就结束这种关系。要意识到取得捐赠成功的关键，很大部分在于寻求捐赠的技巧，同时，还要注意培养捐赠者对图书馆的兴趣。在捐赠方面，国家还应严格执行书刊缴送本制度，凡出版社的正式出版物均应向国家或地方政府指定的图书馆缴送一定数量的样本，以确保出版物的收藏，同时也能减轻图书馆经费紧张的压力。

5. 利用资源优势，大力开发信息产品

图书馆拥有大量的文献信息资源，这些资源是图书馆的宝贵财富。但这些财富本身并不会发挥作用，必须通过工作人员的辛勤劳动才能实现。图书馆工作人员通过加强文献信息资源开发，生产出符合社会需要的信息产品，一方面可以促进信息资源的利用，另一方面也可以通过收费，缓解图书馆的经费困境。尽管图书馆是一项公益性的事业，但不可否认的是，图书馆自身也要加强各种信息服务功能，一味地靠政府来解决问题并不可取。图

书馆通过高层次的信息加工服务收取一定的费用，也是解决经费短缺问题的途径之一。图书馆应加强基础业务建设工作，加强文献资源的序化和优化，扩大二次文献、三次文献的编撰规模，提高编撰质量和数量。在此基础上，加强社会调研，开发专题文献资料，结合馆藏及社会需求，开发出别具特色的数据库。因为这些信息产品主要是面对一部分群体进行服务，不是面向所有公众的，且又凝结了大量图书馆员的辛勤劳动，因此，可以按市场经济的规律，收取相应费用。

6.挖掘潜力，从多途径办学中寻求经费来源

图书馆的一大职能是开展社会教育。图书馆可以利用自身的资源、设备、场地优势，开展自考班、夜大班、外语班、计算机和网络技术培训班、下岗人员培训班等各种教育活动。通过办学，不仅可以扩大图书馆的教育职能，还可以收取一定的学费，部分地解决经费短缺的问题。此外，一些并不收取费用的公益文化活动，如：举办丰富多彩的读书活动、读书报告会、书评、知识竞赛，举办各种门类的知识讲座，各层次，各学科的专题讲座和举办科技、图书、美术、摄影等各种类型的展览等，虽不能直接给图书馆带来经费上的支持，却通过积极融入公众文化生活，扩大图书馆的社会影响，给图书馆带来社会效益，间接地提高政府、企业，公众对图书馆的重视。

7.充分利用场地，力促以馆养馆

图书馆的地理位置一般都比较好，处于繁华的市中心或商业区。因此，充分利用图书馆的场地，举办会议、展览等文化活动，收取一定费用，也是一个很好的办法。图书馆利用场地的指导思想是不能偏离"文化"二字的。以后公共图书馆在建筑设计时，布局上应考虑到主要从事文化、经济活动的区域的预留及与图书馆借阅区域相对分离。功能多样化是服务多元化的具体表现，它不仅是图书馆事业发展的内在需求，也是保证图书馆获取一定经济收益、弥补政府投资不足的重要手段。

第二节 图书馆财力资源管理的任务及原则

一、图书馆财力资源管理的任务

图书馆财力资源管理的任务是：依法筹集并合理有效地使用资金，对图书馆的各项财务活动实施有效的综合管理。具体包括：①加强图书馆预算管理，保证各项事业计划和工作任务的完成；②加强收支管理，提高资金使用效率；③加强资产管理，防止国有资产流失；④建立健全财务制度，实现图书馆财务管理的规范化和法治化；⑤按规定及时编报决

算，如实反映图书馆财务状况；⑥加强财务分析与财务监督，保证图书馆各项活动的合理性与合法性。

二、图书馆财力资源管理的原则

图书馆财力资源管理的原则是图书馆财务管理工作中应遵循的基本规范。它们来源于财务管理工作实践，是在图书馆理财实践过程中抽象出来的并且在实践中证明是正确的行为规范，是对图书馆财务管理工作提出的基本要求，也是评价图书馆财务管理工作质量的标准。它们反映着图书馆理财活动的内在要求，对于规范各类图书馆的理财活动，防止各图书馆自行其是，确保图书馆财务管理工作的质量，实现图书馆财务管理的目标，都具有重要意义。图书馆财务管理原则一般包括以下六条：①依法理财原则，②勤俭节约原则，③量入为出原则，④效益原则，⑤正确处理国家、图书馆和个人三者之间的利益关系原则，⑥责任性原则。

第三节　图书馆财力资源管理的内容解析

图书馆财力资源管理所研究的是资金的分配筹集、使用及经费支出是否符合预算，是否有利于促进图书馆事业发展的问题。一般来说，图书馆财力资源管理包括下列内容。

一、图书馆预算管理

图书馆预算是图书馆根据事业发展计划和任务编制的年度财务收支计划。

图书馆预算由收入预算和支出预算组成。图书馆的收入预算分为财政补助收入和非财政补助收入两个部分，内容包括财政补助收入、上级补助收入、事业收入、经营收入、附属单位上缴收入、其他收入和拨入专款等；图书馆的支出预算包括事业支出、经营支出、基本建设支出、对附属单位补助支出和上缴上级支出等内容。

目前，国家对文化事业单位实行核定收支、定额或者定项补助、超支不补、结余留用的预算管理办法。图书馆也不例外。

图书馆预算的编制应遵循下列原则：①根据国家有关方针政策、法规制度和文化事业计划编制单位预算；②坚持实事求是的原则，既要考虑单位的需要，又要考虑国家财力的可能，保证重点，兼顾一般；③坚持以收定支、收支平衡的原则，图书馆预算应自求平衡，不得编制赤字预算；④坚持艰苦奋斗、勤俭节约的原则，挖掘内部潜力，努力增收节支，提高资金使用效益；⑤坚持严格划清经费渠道的原则，事业经费与基本建设投资不得相互挤占和挪用，并根据有关规定分别编制预算；⑥坚持完整性和统一性原则，图书馆必须将全部财务收支项目在预算中予以反映，并按照国家预算表格和统一的口径、程序及计算依据编制单位预算。

图书馆编制预算的方法主要有两种类型：变量预算法和零基预算法。变量预算法是图书馆编制预算最普遍的方法，是以当年预算的具体数字为基础，根据实际执行情况和计划期各项业务的可能增减变动情况来确定下一年度预算比上年预算的增减变动额。因为这种预算方法是以现行预算为基础并预测变动量来编制的，所以也称为"增量预算法"或"减量预算法"。与变量预算法截然不同，零基预算法对于图书馆任何一个预算期、任何一种费用项目的开支数，不是从现有的基础出发，也不考虑目前的费用开支水平，而是一切从零出发，以零为起点，即以无费用、无服务、无成本、无收益作为预算的起点，从根本上考虑各费用项目的必要性与规模。

二、图书馆收入管理

图书馆收入是指图书馆为开展业务及其他活动依法取得的非偿还性资金，具体包括：①财政补助收入，即图书馆通过主管部门、上级单位或直接从财政部门取得的文化事业费，含经常性经费和专项资金。②上级补助收入，即图书馆从主管部门或上级单位取得的各种非财政补助收入。③事业收入，即图书馆开展专业业务活动及其辅助活动取得的收入。其中，按照国家有关规定应当上缴财政纳入预算的资金和应当缴入财政专户的预算外资金，不计入事业收入；从财政专户核拨的预算外资金和部分经核准不上缴财政专户管理的预算外资金，计入事业收入。④经营收入，即图书馆在专业业务活动及其辅助活动之外开展非独立核算经营活动取得的收入。⑤附属单位的上缴收入，即图书馆的附属独立核算单位按照有关规定上缴的收入。⑥其他收入，即上述规定范围以外的各项收入，包括投资收入、利息收入、捐赠收入等。

图书馆收入管理应符合以下要求：①图书馆应当在国家政策允许的范围内合法组织收入；②坚持把社会效益放在首位，同时注重经济效益；③必须使用财税部门统一印制的票据，并建立健全各种专用收款收据、销售发票、门票等票据的管理制度；④必须严格执行国家批准的收费项目和收费标准，不得擅自设立收费项目、自定收费标准；⑤应按规定加强账户的统一管理，收入要及时入账，防止流失；⑥图书馆的各项收入必须全部纳入单位预算，统一核算，统一管理。

（一）自营服务收入的管理

自营服务收入是指图书馆提供的打印、复印等服务性收入，包括打印收入、复印收入等。这些服务性收入一般是现金收入，要有详细的收入记录，有收费人员和学生的签字，同样要定期上缴给图书馆财务部门或图书馆专职财务人员。图书馆财务部门或专职财务人员在收取这些款项时，应开出内部收据，双方签字，收款人与款项保管人均有单证，定期核对，保证收入金额正确；避免出现资金流失，责任难以界定的现象。

（二）营业创收收入的管理

营业创收收入是指高校图书馆电子阅览室对高校开放，上网收费。目前，高校图书馆电子阅览室学生一般采用上网卡上网，上网卡如何收费由高校财务部门与图书馆财务部门（或专职会计人员）协商而定。一种方法是由高校财务部门统一收费，充值上网卡；另一种方法是由学生将现金交给电子阅览室值班人员，再由值班人员定期将款项交给图书馆财务部门或图书馆专职会计人员。上网卡收费是电子阅览室的主要创收收入，定期上缴此项收费是收入管理的重要内容。

三、图书馆支出管理

（一）征订支出的管理

每年征订图书、期刊和报纸的费用支出是图书馆的一大项开支，合理购买图书、征订期刊等是图书馆管理人员应把好的一项支出关。从大学的藏书看，大学每年的购书费用因书价上涨而上涨。图书馆应根据本校专业、学生生活和市场书刊的热点购买书籍。如果是直接购买，应联系好卖方，根据购书量协商书价，按照购书合同确定书刊邮寄费用负担问题；并保管好采购人员出差费用及书刊邮寄费用单证，以便报销。如果是招标购买，应反复筛选、调查，选择好供应商，按事先定好的中介费用付款，收回对方合法单据作为购书凭证。在每年征订期刊和报纸时，与邮政部门及时联系，专业期刊与综合性期刊比例根据学校具体情况确定。

在实际工作中，期刊也可以通过中间商征订，但要注意中介费用合情合理。图书、期刊等在征订中，如有折扣要如实记录。在日常工作中遇到缺刊时应及时与有关部门联系，如到年底时仍有缺刊，要一次性索要赔款。在次年装订专业期刊合订本时应按市场价格和装订数量与装订单位谈价，为把好质量关，可以在收到期刊合订本时一手交钱一手交货。为保证藏书量，在学生不能按期还书时，要按制度规定追索赔款。对期刊中一些娱乐性期刊和废旧过期报纸要及时处理，按双方协商价格收费。在进行这些款项交易时，为明确责任，都要有收费记录和对方签字的原始单证。对方单位合法单证必须由专职财务人员保存，以便记账使用。

（二）电子设备投入和维修支出的管理

电子阅览室提供的网络信息阅览服务已成为大学生学习和生活的重要信息来源。先进的管理设备、电子设备和电子软件投入是图书馆的大项支出，正因为支出金额比较大，在实际工作中应由主管图书馆工作的领导掌握把关，并实行预算管理。既要保证设备先进实用，又要做到支出合理适时。因为每天上网的学生层次水平不同，电子设备维修费用已成为一项日常开支。发生维修支出时应由高校和外来维修单位开出合法单证，并要求单证齐全、手续完备，以便合理控制支出。如今设备更新逐渐成为高校图书馆的又一项大金额支出，这项支出应由图书馆和主管部门商议，制订预算计划，并按计划进行。

（三）办公费用的支出管理

图书馆的日常办公费用项目较多，如：电话费、水电费、加班费、办公费等。对这些费用支出可以实行定额管理，由高校财务部门分析几年来行政开支的具体情况、考虑图书馆的发展计划等确定定额标准，严格控制行政开支。在工作中注意办公支出要合理、加班支出要符合规定，无论什么支出都要有合法单证作为记账凭单，发放给个人的款项应有领款人的签字，需要主管领导签字的还要有他们的签字。

（四）图书资料（资产）的支出管理

为保证高校图书馆的资产安全，图书馆与相关部门也要做好资产管理工作。图书馆的藏书量（图书和专业期刊合订本）照规定按学年上报教育部门。为保证上报的图书馆藏书量正确，在购入图书时应按图书类别和名称设立图书账、卡目录，详细记录该图书的借阅、归还情况，图书管理人员还要定期清查藏书量，发现有按期不归还的，要及时追回，有丢失的要按规定追索赔款。为保证藏书的质量，严禁购入盗版图书。另外，在传统书刊、报纸收集的基础上，还要注重电子文献的收集。图书馆的仪器设备、桌椅板凳等资产归学校资产管理部门管理，实行一物一卡、卡随物走的管理方式，大型设施设备还应建有技术档案，这些资产由资产管理部门定期清查核对。图书馆在使用这些资产时要注意使用安全。对现金的管理，如果图书馆设有专门的会计部门，应执行现金管理制度，编制现金收支计划，以便合理估计未来的现金需求，对日常现金收支进行控制，日清月结，应存入银行的要及时存入银行，并与银行定期核对。如果图书馆专设会计人员，取得现金后，应按规定定期上交学校财务部门。

四、图书馆资产管理

图书馆资产是指图书馆占有或者使用的能以货币计量的经济资源，包括各种财产、债权和其他权利，具体是指：①流动资产，是指可以在一年内变现或者耗用的资产，包括现金、各种存款、应收款项、预付款项和存货等。②固定资产，是指一般设备单位价值在500元以上，专用设备单位价值在800元以上，使用期限在一年以上，并且在使用过程中基本保持原有实物形态的资产。单位价值虽未达到规定标准，但耐用时间在一年以上的大批同类物资，也作为固定资产管理。图书馆固定资产一般分为六类：房屋和建筑物、专用设备、一般设备、文物和陈列品、图书、其他固定资产。③无形资产，是指不具有实物形态而能为使用者提供某种权利的资产，如：专利权、商标权、著作权、土地使用权、非专利技术、商誉及其他财产权利等。

对于不同类型的图书馆资产，应分别采取不同的管理办法。以图书馆固定资产为例，应遵循下列管理规定：①建立健全固定资产管理制度。加强固定资产维护和保养，制定操作规程，建立技术档案和使用情况报告制度。②购建和调入的固定资产，由图书馆财产物资管理部门负责验收，图书馆财务部门参与验收。购进贵重仪器等专业设备和新建的房屋及建筑物竣工时，应有专业技术人员参加验收。经验收后的固定资产要及时入账并交付使用。③接受捐赠的固定资产，应按市场价格和新旧程度估价入账，或根据捐赠时提供的有关凭据确定固定资产的价值。接受捐赠固定资产时发生的各项费用，计入固定资产原值。④图书馆固定资产报废和转让，一般经本单位行政领导批准后核销。大型、精密贵重设备、仪器报废和转让，应当经过有关部门鉴定，报主管部门或财政部门、国有资产管理部门批准，具体审批权由同级财政部门会同国有资产管理部门规定。⑤固定资产的变价收入，除国家另有规定外转入修购基金。⑥图书馆应当定期或者不定期对固定资产清查盘点。年度终了前必须进行一次全面的清查盘点，做到账、卡、物相符。对于盘盈、盘亏的固定资产应及时按规定处理。

第四节　图书馆财力资源管理的有效方法

财务管理包括财务预测、财务决策、财务计划、财务控制及财务分析五个环节。与此相应，图书馆财务管理方法体系也主要由相互联系的财务预测方法、财务决策方法、财务计划方法、财务控制方法及财务分析方法组成。

一、图书馆财务预测方法

财务预测是图书馆财务人员根据历史资料，依据现实条件，运用特定方法，对图书馆未来的财务活动和财务成果所做出的科学预计和测算。财务预测是财务决策的基础，是图书馆编制财务计划的前提，是图书馆日常财务活动的必要条件。

图书馆财务预测工作一般包括如下几个步骤：①确定预测对象和目标，制订预测计划；②收集、整理相关的信息资料；③选择特定的预测方法进行实际预测；④对初步的预测结论进行分析评价及修正，得出最终预测结果。

图书馆财务管理中常用的预测方法可分为定性预测法和定量预测法两种类型。定性预测法亦称非数量预测法，一般是在缺乏完备、准确的历史资料的情况下，由图书馆领导、财务主管及其他有关专家根据过去积累的经验，利用直观资料，依据个人的主观判断能力及综合分析能力，对图书馆财务的未来状况和趋势做出预测的一种方法。定性预测法又可分为意见交换法、类推预测法、理论推定法、专家调查法、德尔斐法等。定量预测法亦称数量预测法，是运用现代数学方法对历史数据进行科学地加工处理，充分揭示各有关变量之间的规律性联系，建立经济数学模型进行预测的方法。定量预测法又可分为因果预测法和趋势预测法两种类型。

二、图书馆财务决策方法

财务决策是指财务人员在财务目标的总体要求下，从若干个可供选择的财务活动方案中选择最优方案的过程。当然，在可供选择的财务活动方案只有一个时，决定是否采纳这个方案也属于财务决策。财务决策是财务管理的核心，直接关系到图书馆财务管理的质量。

图书馆财务决策一般包括以下几个步骤：①根据财务预测的信息提出问题；②根据有关信息制订解决问题的若干备选方案；③分析、评价、对比各种方案；④拟订择优标准，选择最优方案。

图书馆财务决策常用的方法有优选对比法、数学微分法、线性规划法、概率决策法、损益决策法等。

三、图书馆财务计划方法

财务计划是在一定的时期内以货币形式反映图书馆业务及经营活动所需的资金及其来源、财务收入和支出、结余及其分配的计划。财务计划是图书馆根据本单位的业务工作安排及定额定员等标准，以财务预测提供的信息和财务决策确立的方案为基础编制的，是财务预测和财务决策的具体化，也是控制图书馆财务活动的基本依据。图书馆预算、预算外资金收支计划、经营收支计划等都是图书馆的财务计划。

图书馆财务计划的编制过程一般包括如下几个环节：①根据财务决策的要求，分析主客观条件，全面安排计划指标；②对需要与可能进行协调，实现综合平衡；③调整各种指标，编制出计划表格。图书馆财务计划的编制过程，实际上就是确定计划指标并对其进行综合平衡的过程。编制图书馆财务计划的方法主要有平衡法、因素法、比例法、定额法等。

四、图书馆财务控制方法

财务控制是指在财务管理过程中，利用有关信息和特定手段，对图书馆的财务活动施加影响或调节，以便实现计划所规定的财务目标。财务目标是图书馆一切财务活动的出发点和归宿，是财务管理的行为导向，对图书馆财务活动进行管理和控制正是为了实现一定的目标。财务控制作为一种经济调控行为，其调节过程一般包括制定目标、分解目标、实施调控、衡量效果、纠正偏差几个步骤。

常见的图书馆财务控制方法有：

（一）防护性控制

防护性控制又称排除干扰控制，是指在图书馆财务活动发生前就制定一系列制度和规定，把可能产生的差异予以排除的一种控制方法。例如，为了合理使用资金，节约各种费用开支，可事先规定各项开支的范围和标准；为了防止图书馆滥用职权，杜绝乱收费现象，可事先对其收费的项目、范围和标准做出规定。在图书馆财务管理中，各项事先制定的标准、制度、规定都可以看作排除干扰的方法，这是最彻底的控制方法，也是图书馆财务管理中最常用、最重要的控制方法。

（二）前馈性控制

前馈性控制又称补偿干扰控制，是指通过对图书馆财务系统实际运行的监视，运用科学方法预测可能出现的偏差，采取一定措施，使差异得以消除的一种控制方法。例如，为了控制图书馆支付能力，保证图书馆各项业务的顺利开展，要密切注意图书馆流动资金（周转金）的数量，当预测到流动资金数量不足，可能影响以后各项业务活动的顺利进行时，就应采取措施，严格控制并合理安排资金支出，以保证图书馆有足够的支付能力。在图书馆财务管理中，前馈性控制是一种比较好的控制方法，它便于各图书馆及时发现问题，并及时采取措施解决问题，尽量避免出现大的失误。但是，采用这种方法要求掌握大量信息，并要进行准确的预测，只有这样，才能达到控制目的。

（三）反馈性控制

反馈性控制又称平衡偏差控制，是在认真分析的基础上，发现实际与计划之间的差异，确定差异产生的原因，采取切实有效的措施，调整实际财务活动或调整财务计划，使差异得以消除或避免今后出现类似差异的一种控制方法。反馈性控制是根据实际偏差进行调节的，属于事后控制，在平衡与调节的过程中，由于时滞的存在，有可能导致新的偏差。但这种控制方法运用起来比较方便，一般不需要太多的信息。因此，这种方法在图书

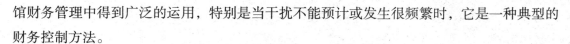

馆财务管理中得到广泛的运用，特别是当干扰不能预计或发生很频繁时，它是一种典型的财务控制方法。

五、图书馆财务分析方法

财务分析是根据有关信息资料，运用特定方法，对图书馆财务活动过程及其结果进行总结和评价的一项工作。通过财务分析，可以掌握图书馆各项财务计划指标的完成情况，评价图书馆财务状况，衡量图书馆工作绩效，研究和掌握图书馆财务活动的规律性，改善图书馆财务预测、决策、计划和控制，提高图书馆财务管理水平，促进图书馆财务管理目标的实现。

图书馆财务分析方法主要有两种：

（一）比较分析法

比较分析法，即比较两个相关的财务数据，揭示财务数据之间的相互关系，分析图书馆财务活动的一种方法。它通常采用三种方式进行比较：①将分析期的实际数据与同期计划数进行对比，确定实际与计划之间的差异，据此考核财务指标计划完成情况；②将分析期的实际数据与前期数据进行比较，确定本期与前期之间的差异，据此考核图书馆的发展情况，预测图书馆财务活动的未来发展趋势；③将分析期的实际数据与同行业平均指标或先进图书馆指标进行对比，确定本单位与同行业平均水平或先进水平之间的差异，据此找出原因，改进工作。

（二）比率分析法

比率分析法，即把某些彼此相关联的指标以比率的形式加以对比，据以确定图书馆经济活动变动程度，揭示图书馆财务状况的一种分析方法。在图书馆财务分析中，常用的比率有以下两类：①构成比率。又称结构比率，它是某项经济指标的各个组成部分与总体的比例。通过构成比率，可分析指标构成内容的变化，从而掌握该项财务活动的特点与变化趋势，考查图书馆经济活动的结构是否合理。例如，通过计算图书馆各项支出在支出总额中所占的比重，可分析图书馆行政性支出与业务性支出之间、维持性支出与发展性支出之间、重点性支出与一般性支出之间的比例是否恰当，支出结构是否合理。②动态比率。即将某项指标的不同时期的数值相比而得出的比率。它反映的是同一财务指标在不同时期状态下的对比关系，说明的是图书馆财务活动在时间上的发展和变化程度。通过动态比率，可分析图书馆财务活动及相关指标的发展方向及增减速度。例如，经营收入增长率＝（当年经营收入/上年经营收入－1）×100%。

第六章　图书馆管理的其他领域探微

第一节　图书馆知识管理

一、图书馆知识管理的含义

随着知识经济时代的到来，知识管理已经成为时代的一种新的管理，是人类管理史上一项最伟大而深刻的革命，是信息化和知识化浪潮的产物。知识管理产生于知识型企业的管理实践并已得到了成功的验证，正在成为世界范围内企业管理的新趋势。图书馆作为知识的宝库，有必要及时研究和借鉴知识管理的经验，不断改进现有工作，与时代前进的步伐保持一致。

图书馆知识管理包括图书馆知识的获取、整理、保存、更新、应用、测评、传递、分享和创新等基础环节，通过图书馆知识的生成、积累、交流和应用管理，复合作用于图书馆的多个领域中，实现图书馆知识的资本化或产品化，进而提升图书馆的服务能力、创新能力、竞争能力以及可持续发展能力。这个定义凸显了图书馆知识管理的以下特征：

第一，图书馆知识管理依赖于知识。由于在图书馆知识识别、获取、整理等全过程中，环节众多、作用机理复杂，因此必须加强对图书馆知识的基础管理，确保在一个图书馆系统内知识可以不断地生成和发展。知识的基础管理是整个图书馆知识管理的前提。

第二，图书馆知识管理是以知识为中心的管理。主要强调的是知识管理可以帮助图书馆实现隐性知识显性化和知识的共享，是一条提升图书馆运营效率的新的途径。图书馆知识管理不像对数据和信息的整理分析那样简单，也不以书本或教条来管理图书馆，而是把信息、流程与人三大因素有机联结起来，在交流和互动中实现知识的共享、运用和创新，是利用知识提升图书馆效率、创造图书馆价值的过程。图书馆知识管理是管理理论与实践中"以人为本"主线的进一步发展，实现知识与人的能力相结合，才是"知识创造价值"的管理目标所在。

第三，图书馆知识管理是对流程的一个优化。依据知识的存在与业务流程的相互结合，可以将图书馆知识管理划分为知识的生成管理、知识的积累管理、知识的交流管理和知识的应用管理四个相对独立的环节，它们之间是首尾闭合的环路关系。这四个环节相互影响，形成一个有机的管理体系，构建起有效的作用传导机制。

从各个环节的具体内容来讲，围绕"知识增值"这个核心，知识生成管理是基础和前提；知识积累管理是保障，是知识源与流、因与果之间的重要联系渠道，通过积累可以形成图书馆的集体智慧，提高图书馆对信息环境的应变能力；知识交流管理是动力，通过交流可以将各种知识组合成强有力的资源和力量；知识应用管理是手段，直接创造价值。

第四，图书馆知识管理是方法。知识管理作为管理方法，并不止在图书馆的个别领域中发挥作用，它与图书馆管理的各个层面的应用主题相结合，以基本方法和规律指导图书馆开展藏书管理、组织设计、人力资源管理、资源规划和馆读关系管理，成为辐射到图书馆各个层次的，以资源整合、潜力挖掘和"知识创造价值"为特征的管理活动。

第五，图书馆知识管理能够创造价值。知识管理在图书馆应用过程中的核心是"知识的增值"，因此，"知识创造价值"是知识管理对图书馆所有业务流程进行改进和变革的基本要求，将在外延上促进图书馆知识的资本化和产品化，确保图书馆具备良好的服务能力、创新能力、竞争能力和可持续发展能力。

二、图书馆知识管理的内容

（一）图书馆知识生成管理

知识生成管理作为整个图书馆知识管理的前提，主要包括知识的获取和知识创造两个环节。知识获取可以从图书馆内部或者外部来获取。因此，在图书馆知识生成的管理过程中，可以把知识的来源清晰地分为三个部分，即从图书馆内部获取、从图书馆外部获取和创造知识。

在图书馆的外部，获取知识的目标主要在于获得出版社、书商、信息服务公司、同行、读者及行业和社会发展的相关知识。这些知识隐含在繁杂的商业数据、行业信息和调查资料、读者与竞争对手的个体知识之中，只有对外部信息不断进行收集处理并促进图书馆与外部的交流，才能确保图书馆获得外部知识来源。

创造知识是图书馆知识生成管理中的另一个来源。尽管知识的创造活动往往是伴随知识的应用和交流全过程进行的，但它终归体现为知识的重新生成和总量的增加。知识创造作为知识的来源之一，是最难以把握的，因为创造意味着要培育、创新知识，而不是简单地发现或积累知识。为了保持图书馆的生命力，图书馆不断需要新的知识，但很显然，这些知识不可能纯粹来源于原有知识或外部。

成功的图书馆会通过提高各个部门员工的工作兴趣来增强图书馆创造知识的能力，有的图书馆甚至允许员工参加与日常工作没有直接联系的项目以增强整体的知识来源。这些做法包括设立鼓励创造知识的项目、思想观念竞赛、参与多种项目工作的机会，以及提供充分的知识创造条件，保证图书馆馆员具备接触外界大范围刺激和信息的条件。

（二）图书馆知识积累管理

知识积累管理是确定图书馆知识的最终存在形式，也是图书馆知识交流和应用的基础。知识积累管理的目标是将知识生成管理中所获得的知识进行保存和管理，同时能够为知识交流和知识应用创造系统、及时、高效的环境，因此知识积累管理的实现途径主要依靠知识的整理、保存和更新三种方式。知识的整理、保存和更新构成了知识积累管理，但从管理过程来看，知识积累管理要解决的根本问题是对不同知识如何实现积累，而不是损耗。这就要从知识存在的基本形态入手考虑。知识存在的基本形态是显性和隐性。显性知识是指经文献记录下来的、公共的、结构化的、内容固定的、外在化的和有意识的知识；隐性知识是指个人的、未经文献记录的知识，它对语境敏感，是动态创造和获取的，是内在化的和基于经验的，常存在于人的思想、行为和感知中。由于前者可以被编码、结构化进而存储在数据库中，任何成员都可以通过计算机或网络直接调用，而后者与知识的所有者没有分离，往往需要通过直接交流才能传播和分享，因而这两种知识的积累显然需要不同的方法。

对显性知识通常可通过知识数据仓库来管理，而对于隐性知识通常以专家系统或智囊团的形式来管理。图书馆知识积累管理的关键，就成为方式选择及不同选择下如何更好地面对知识对象的问题。

（三）图书馆知识交流管理

图书馆知识交流管理中所要解决的问题在于：如何通过通信、协作和交流的形式，实现知识的分类、整理和存储等管理，进而满足不同主体对各类知识的需求，最终促进对知识的应用，为图书馆创造价值。

知识交流管理要求图书馆从技术和文化等多方面做出安排。技术是实现图书馆内部知识传播的重要方法，它们也有助于建立鼓励知识共享、团队合作和互相信任的图书馆文化。在知识积累管理中，我们通过对不同知识采取不同的积累策略，使用知识数据仓库来管理显性知识，使用专家团方式管理隐性知识。与此相应，在知识交流管理中，也会产生两种交流方式。

第一种方式是间接交流，表现为知识的贡献人与知识的使用人之间不需要直接接触，他们都面对共同的对象——图书馆知识数据仓库，即知识的贡献人将知识提供给知识数据仓库，知识的使用人从知识数据仓库中提取工作中所需要的知识。

第二种方式是直接交流，表现为知识的贡献人与知识的使用人之间直接进行联系，联系的方式多种多样，可以是组织会议、培训，也可以是 E-mail 或 NetMeeting，通过一对

一、一对多的方式获得解决问题的知识。

间接交流的基础是完善图书馆的知识数据仓库，健全的知识数据仓库和完善的信息网络是促进间接交流的技术基础。但对于直接交流来讲，最大的挑战在于如何结合知识的积累，推动隐性知识的显性化，使知识的传播、共享更加简便。在隐性知识的直接交流管理中，除了完善专家团的管理模式外，最重要的是创造和推动各种隐性知识共享的机会，让隐藏于各处的隐性知识不断交流、碰撞，推动知识的创新。

（四）图书馆知识应用管理

知识应用管理就是在知识生成、知识积累的基础上，借助知识交流，进而实现知识的价值。

知识应用管理的前期准备工作决定了应用的效率。能够在前期做好规划，可以节省图书馆在寻找有价值知识过程中的成本。图书馆知识应用管理的前期准备工作主要有：

第一，分析图书馆各部门和人员对知识资源的需求。为确定知识应用的目标，图书馆必须全盘考虑各个业务部门（采编部、流通部、技术部、咨询部、网络部等）和行政部门（财务、人事、后勤、馆长办公室等）的具体需求，总结其中的特殊性和通用性，对知识仓库的内容、关系结构、文件类型等进行总体规划。

第二，规划和设计知识分类体系，提高应用前的知识评测能力。在确定知识数据仓库的总体规划后，图书馆需要依据专业的分类模式（如：公认的、行业通用的、技术领域通行的分类），结合自身需要，规划出详细的知识分类体系。为使知识应用有效开展，在准备工作中要高度重视知识的评测、分析。整个知识库的框架性结构，不断充实和加入有针对性的知识资源，做到准确适用，并根据实际情况不断修正和完善知识。

第三，规划、开发知识管理系统。针对集中管理（通用性）和分散使用（个性化）的现实需要，知识管理系统的核心功能一般要满足生成、积累、交流的需要，图书馆往往要根据自身实际进行有效的系统规划和软件开发。

第四，建立知识管理部门和相应的运作机制。为推动知识的应用，图书馆一般需要设置独立的知识管理部门或职能小组，其主要职能包括收集通用的知识资源，组织其他部门和人员提供专门的知识，对图书馆知识资源进行汇集、过滤、整理，推动知识管理的理念传播和实际运作等。

在应用的前期要做好准备工作与知识的生成管理、积累管理和交流管理等相互结合起来。通过应用管理，不仅可以梳理知识管理活动中各个环节间的相互关系，而且可以通过知识测评分析各个环节知识的适用性，继而加强彼此之间的联系，更好地促进图书馆知识管理的展开。为了推动知识的应用，图书馆还要从文化和环境入手创造"知识拉动力"，要在组织形式上建立跨职能的合作团队。

三、图书馆知识管理的实施

（一）设立知识主管

知识主管（Chief Knowledge Officer，CKO）指的是一个组织内部专门负责知识管理的人员，是随着近年来知识管理的发展而出现在企业内部的一个新的高级职位。专门进行知识的收集、加工和传递的工作，同样应该创建知识主管机制。为了使知识管理顺利开展，知识主管应该设立在有支配权和有责任的上层管理梯队里，譬如由一名副馆长专任或由馆长兼任。

图书馆知识主管的主要职责是：制定图书馆知识政策、提供决策支持、帮助员工成长。具体而言，图书馆知识主管应做到：了解图书馆的环境和图书馆本身，明确图书馆内的知识需求；建立和造就一个能促进学习、积累知识和知识共享的环境，使每个人都认识到知识共享的好处，并为图书馆的知识库做贡献；监督保证知识库内容的质量、深度、风格并使之与图书馆的发展一致；保证知识库设施的正常运行；加强知识集成，产生新的知识，促进知识共享。

（二）改造图书馆的组织结构

知识管理倡导运用集体的智慧来提高组织的应变能力和创新能力，而设计出合理的组织结构是建构图书馆核心能力的一条有效的途径。面对现代信息技术的挑战和不断变化的用户需求，图书馆必须积极引进企业为实施知识管理而进行的"业务流程重组"（Business Process Reengineering，BPR）或称"企业再造"的管理思想，重新调整图书馆的组织结构和内部关系，进一步增强自身的适应性和竞争性。

图书馆组织结构的设计应以读者为中心，以用户需求为导向，充分实现服务的专业化、个性化，减少管理层次和重复作业，合理配置资源，增强图书馆运行的弹性，提高工作效率。通过业务流程重组，使图书馆建立一种能够迅速适应读者需求的新的服务机制，实现与各个信息系统的交融，给资源的共享、优化、合作和知识的创新带来勃勃生机。

在网络环境下，图书馆的组织结构应改变以往固定的等级模式，打破传统的图书馆职能部门之间的界限，以适应功能的不断拓展和变化。

一是在图书馆外建立"知识联盟"，引进外部知识及经验，以获得能力的扩展和转换。在组织内知识清点的基础上，组建专家网络以提升图书馆的知识、资源和技能水平，增进图书馆之间的相互学习和知识交叉，协同发展。

二是在图书馆内建立"柔性组织"，更多地强调组织形态的扁平化和组织行为的柔性化。如：采用以团队或小组为基本组织单元的网络化结构的组织形式，将更体现跳跃与变

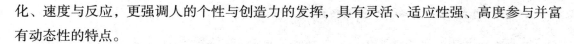

化、速度与反应，更强调人的个性与创造力的发挥，具有灵活、适应性强、高度参与并富有动态性的特点。

（三）组建完备的图书馆知识库

图书馆知识管理的目标之一是图书馆内部进行的知识共享。传统的知识传递过程往往会受到很多主客观因素的制约，进而不能及时有效地将知识传送给所需的人们。如果建立起知识库，就可以解决这个问题。图书馆应有计划地建立图书馆整体以及各个部门、各个岗位的专业知识体系，将现有知识分门别类、提炼加工，同时还要及时收集所需的新知识，以形成有本馆特色并不断发展的系统性知识库，协助馆员高效提取所需专业知识资源用于各个部门和各个岗位的实际工作以获得良好的工作绩效。图书馆知识库可分成以下四个子库：

1. 内部显性知识库

该库收纳内部已经或可以用文字形式保存并可检索使用的一类知识，如：研究报告、咨询案例、访谈录等。建立该库的关键是有系统性和便于查找。

2. 外部显性知识库

该库主要收纳社会公共知识。政府出版物、期刊、报纸、学术会议录、标准文献、专利文献及信息机构制作的具有版权的数据库等，都是社会公共知识的载体，图书馆应根据自身实际跟踪分析并收集相关的部分，以形成自己的特色知识库。

3. 内部隐性知识库

该库收纳存在于馆员头脑中的经验、数据、技巧等意会知识。组建内部隐性知识库的基础是尽量把这些意会知识编码化，以供馆员访问和咨询。另外，可以组建内部网络开展电子讨论，让馆员将自己的经验输入内部网络，并对别人的提问和建议给予积极的反馈，管理者则将这些内容全部存入子库。这样一来，一个包括馆员经验、见解和窍门的内部隐性知识库就建立起来了。

4. 外部隐性知识库

外部隐性知识库也可以称"外脑"或"智囊库"。用户中不乏各行业、各学科领域的专家，若有效地加以利用就可以形成图书馆宝贵的无形资产。因此，图书馆应在平时的知识服务过程中与用户建立良好的互动合作关系，并建立图书馆的外部专家人才库及将专家解答的问题加以编码储存的知识库。

（四）创立图书馆知识管理系统

图书馆知识管理系统是一种用来支持和改进图书馆对知识的创新、存储、传送和应用的信息技术系统。当前，关于知识管理系统出现了很多的模式，如：基于层次模型的知识管理系统、基于一般系统框架的知识管理系统、基于知识生命周期的知识管理系统、基于知识实践框架的知识管理系统、基于资源的知识管理系统以及基于XML的知识管理系统等。

我们在开发图书馆知识管理系统时，应注意以下几个方面：

文本检索与多媒体检索。即要求所开发或利用的搜索引擎能够检索到与检索表达式不完全匹配但实际含有相关信息的文档，而且能够按照相关率高低对检索条目排序。

知识地图。即要求把知识库中的资料与知识目录连接起来。

用户接口设计。即要求知识库管理员在选择工具时，必须考虑是否有标准接口或是否可以按照与组织的其他应用一致的方式来定制。

合作与通信。即允许被地点和时间分离的团队成员共享那些解决新建议的必要信息，包括方案文件、工作计划、个人计划、讨论组等。

标准查询。即要求知识库引擎允许知识库管理员定义标准查询，这种标准查询涉及所有用户专门配置文档的关键词，也允许用户公布个人查询。

个性化。即满足知识库管理员手工创建用户文档，或基于E-mail标题与原检索式中检索词的自动生成文档来实现知识库的个性化。

知识目录。即要求知识库引擎在用户检索知识地图时，能够识别相关主题专家和馆藏存储信息。

近似组过滤。即满足为用户创建表定义主题选择来实施近似组过滤。

彼特·美索和罗伯特·史密斯认为，从社会—技术的观点来看，组织知识管理系统（Organizational Knowledge Management Systems）不仅仅是信息技术系统，而是由技术基础、组织基础、组织文化、知识与人组成的复杂综合体。因此，今后成熟的图书馆知识管理系统除着重于信息技术外，还应该考虑图书馆组织、图书馆文化与人力资源等问题，以保障图书馆的可持续发展。

（五）建设学习型图书馆

图书馆知识管理的策略之一就是建设起学习型的图书馆，在学习型图书馆中，学习、知识、共享、提高员工的素质将会是图书馆的一种重要的职能和目标，图书馆会经常开展一些培训学习的活动。建设学习型图书馆，需要进行五项修炼，即改进心智模式、自我超越、系统思考、团体学习和建立共同愿景。其中，系统思考是五项修炼中的核心技术。

1. 改进心智模式

心智模式是指根深蒂固于心中、影响着人们认识周围世界及如何采取行动的许多假设、成见和刻板印象。改进心智模式就是图书馆成员和图书馆自身打破既成的思维定式，解放思想，进行创造性思维的过程。改进心智模式的修炼包括以下内容：辨认跳跃式的推论、推出对事物的假设、探询与辩护、对比拥护的理论和使用的理论。

2. 自我超越

自我超越是指突破极限的自我实现和获得娴熟的技艺的过程。自我超越的修炼包括以下内容：建立个人愿景，即树立个人远大理想和宏伟目标；保持创造性张力，即不断地从个人愿景与现实之间的差距中创造学习与工作的热情与动力；解决结构性冲突，即排除阻止个人追求目标和迈向成功的结构性心理障碍；运用潜意识，即发展潜意识与意识之间的默契关系，以增强意志力。

3. 系统思考

系统思考是五项修炼的核心，它教会人们运用系统的观点看待图书馆的生存和发展，进而将图书馆成员的智慧和活动融为一体。系统思考能引导人们由看事件的局部到纵观整体，由看事件的表面到洞察其变化背后的深层结构，由孤立地分析各种因素到认识各种因素之间的互动关系和动态平衡关系。

4. 团体学习

团体学习是发展图书馆成员互相配合、整体搭配与实现共同目标能力的过程。通过团体学习，可以获得高于个人智力的团体智力，形成高于个人力量之和的团体力量，在团体行动中达到一种"运作上的默契"和形成一种"流动的团体意识"。

在图书馆中，针对图书馆改革的需要、针对图书馆任务的需要、针对部门的需要等，都可以组织团体学习，让团体成员在学习中理解和创新。以图书馆的人事改革为例，当图书馆的人事改革目标确立以后，要通过学习使全体馆员认识到改革的重要性和必要性，愿意去改革并努力为改革献计献策，解决改革中出现的个人利益与整体利益的冲突、短期利益与长远利益的冲突，变消极因素为积极因素，变被动改革为主动改革，变照搬模仿为开拓创新。

图书馆是社会教育、文化和学术的一个中心，是一个非营利性组织，当这个组织遇到复杂问题时，既要进行学习，也要发挥团队精神。图书馆团队精神要求为实现人类文明进步和社会发展，以知识信息服务为己任，增强责任感和使命感，通过勤奋努力、团结协作、坚持不懈、不断创造，促进人类知识与信息的生产、传播与利用。

团体学习的修炼需要运用深度会谈与讨论两种不同的团体沟通方式。深度会谈要求团体的所有成员说出心中的假设，暂停个人的主观判断，自由而有创造性地探究复杂的议题，以达到一起思考的境界；讨论则是提出不同的看法，并加以辩护的沟通技术。通常团体用深度会谈来探究复杂的议题，用讨论来形成对事情的决议。

5. 建立共同愿景

这是图书馆成员树立共同的远大理想和宏伟目标的过程。通过建立共同愿景，把图书馆全体成员团结在一起，创造出众人是一体的感觉。共同愿景深入人心以后，每个员工都会受到共同愿景的感召和鼓舞。对图书馆来说，建立共同愿景，就是要确立新时期图书馆的目标和任务，树立图书馆的形象，将馆员的个人价值与整个图书馆的价值统一起来，将个人的责任与整个图书馆的使命统一起来。

这样形成的图书馆规划与图书馆设计不止是代表图书馆馆长的意愿，而是图书馆全体成员的志向和符合时代需要的可实现的工作指南。建立共同愿景的修炼包括以下内容：鼓励个人愿景，即鼓励个人设计自己的未来；塑造图书馆整体形象，即培养图书馆成员的集体观念，从集体利益出发分担责任；融入图书馆理念，即将共同愿景融入图书馆理念之中；学习双向沟通；忠于事实，即从事实与共同愿景之间的差距中产生图书馆的创造性张力。

第二节　图书馆危机管理

一、图书馆危机管理概述

（一）图书馆危机管理的含义

当前，随着信息环境的数字化、网络化不断发展，人类信息获取方式正在发生前所未有的突变，人们的服务意识也空前有所提高和觉醒。社会信息环境的剧烈变化和图书馆自身矛盾运动引发的各类问题，都要求我们强化图书馆的危机意识，加强对图书馆的危机管理研究，促进图书馆适应环境的发展要求并进一步实现跨越式的发展。

所谓图书馆危机管理，实际上就是针对图书馆发展演化过程中可能面临的各种危机制订各种危机管理预案，并对图书馆运行中出现的危机因子和危机事件从发生到消亡全程全面监控处理的管理理论与管理实践。

（二）图书馆危机管理的特征

1. 系统性

它既涉及危机产生前根据系统矛盾运动的分析预测及危机处理预案制订问题，也涉及图书馆实际运行中的危机征兆识别和已经出现危机的处理问题，必须对图书馆危机进行系统分析与统筹安排，否则就会出现管理方面的疏漏。

2. 动态性

不同时间、不同地点、不同实体图书馆的危机类型应该也会体现出不同的特点，尤其是随着时间的不断演化，不同阶段所表现出来的危机更是有着非常大的区别。因此，在进一步对图书馆制订危机管理方案的过程中，必须在一定程度上能够适应这种动态性的变化要求。

3. 全程性

所谓的全程性，实际上就是对图书馆危机事前、事中、事后所进行的有针对性的、较为全面全程性进行监控处理的一种具有连续式的链条，可以说这是一个非常系统的工程，它并不等同于一些单一的危机处理，当然，从一定程度上来说，也不能等同于一些较为简单的危机公关。

4. 时效性

所谓的时效性不仅应体现在危机事件出现时，更要体现在危机还没有爆发时，它主要包括危机管理的组织、制度、流程、策略、计划、决策等，涉及培养危机意识、组建职能部门、侦测并处理危机因子、建立危机预案和预警系统、处理危机事件、危机恢复、事后总结经验并学习改进等诸多方面的内容。

因此，图书馆在有针对性地进行危机管理时，不仅要从一般危机管理理论与实践中汲取非常充分的营养，而且还要必须考虑到关于图书馆危机管理自身具有的独特性，从而制订出能够符合图书馆自身实际的危机管理预案，构建相应的危机管理系统，从而实现危机管理的有效性。

目前，国内的图书馆危机管理主要停留在理论探索层面，相应的实践还相对较为薄弱，显然，没有实践维度的图书馆危机管理研究并不是完整的，也是无法持续下去的。若想要有效地改变这种当前存在的现状，当务之急就是合理地传播图书馆危机管理理念。只有这样，图书馆危机管理的实践才能不断地健康生长，理论维度的存在才有一定的必要。

当然，这两个维度之间是存在一定的密切联系的，它们并不是处于一个孤立的状态的，图书馆危机管理实践是危机管理理论的一个重要基础，图书馆危机管理理论是危机管理实践的提炼升华，只有二者实现相应的互动，图书馆危机管理的价值才能真正得以明确地体现。

二、图书馆危机管理的内容

（一）树立正确的危机观和危机管理观

1. 危机管理常态化

危机管理并不是只有在危机爆发时才会存在，它是一种对危机因子和危机事件从发生到消亡全程全面监控处理的管理思维、管理方法、管理实践。所以，真正有效的危机管理，就是在危机还没有爆发时，是一种较为常态化的管理。

常态化的危机管理要求树立危机管理意识，要将危机管理融入日常管理中，要有对危机的前因后果进行管理的敏感，以及建立科学的应对策略。

2. 危机决策要考虑多维因素

对于危机而言，不仅具有事实属性，也具有文化属性，所以在对危机进行相应的管理时，必须充分考虑到伦理规范、价值观、文化心理、公众认知等多方面的因素，不能用简单的因果思维进行决策。

3. 危机管理要有合作意识

在危机管理过程中，要有与国际国内相关组织、协会、项目及企业、政府、社区、民众合作的意识，构建大危机防范系统。

4. 危机管理中要正确处理与媒体的关系

在信息时代，媒体是舆论的重要引导者，是社会的守望者，是主流价值的支撑者，所以，图书馆在对待媒体的时候应该持有一个正确的态度。要及时改变过去那种仅把媒体当作应付对象的观念，积极与媒体进行沟通，通过它们发现存在的一些问题，将危机因子及时消灭于萌芽状态；在危机一旦爆发时，要争取得到媒体的情感支持，共同引导舆论的发展。同时，对于媒体的不实报道必须及时地进行纠正，争取主动。

（二）图书馆危机管理的基础工作

1. 沟通管理

加强沟通管理有助于及早发现问题，树立良好的组织形象，有助于提高危机管理的效

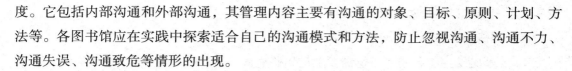

度。它包括内部沟通和外部沟通，其管理内容主要有沟通的对象、目标、原则、计划、方法等。各图书馆应在实践中探索适合自己的沟通模式和方法，防止忽视沟通、沟通不力、沟通失误、沟通致危等情形的出现。

2. 媒体管理

媒体管理的主要内容包括：组建职能机构或指定负责人，确定媒体管理的目标和原则，挑选、培训新闻发言人，收集分析媒体相关报道，及时处理媒体所反映的问题，与媒体保持密切联系，利用媒体发布信息、重塑形象，引导不利舆论向利己方向发展，利用媒体向政府表达图书馆的合理诉求等。

3. 记录管理

记录管理可以保存大量的数据、事实、资料、文件等，它可作为危机因子分析和危机决策的依据、事后的奖惩凭据、必要时的法律证据，它也有利于客观评估危机管理。记录管理需要对调查记录、评估记录、计划记录、培训记录、危机事件记录等分类、存档、入库，及时将结果反馈给危机管理的相关系统。

（三）图书馆日常危机管理

图书馆日常危机管理，实际上是指在图书馆日常工作中对潜在的危机因子进行相应的管理，以预防危机的发生，并建立危机反应和恢复预案，以减小危机事件给图书馆造成的损失，提高图书馆的危机恢复能力。

图书馆日常危机管理的内容包括：指定负责人员、调查评估危机因子、建立危机反应和恢复预案、开展培训演练、建立危机预警系统、进行危机预控。

1. 指定负责人员

由于图书馆发生危机的频率不像企业那么高，因此，国内图书馆几乎都没有设立单独的危机管理职能部门。这不能片面地说图书馆没有危机管理意识，其实从经济性上讲，图书馆单独设立危机管理部门成本太高，容易造成人力资源浪费。比较好的一个方法是，由图书馆的一位高层领导来负责危机管理，由其从各部门灵活抽调危机管理人员完成日常危机管理工作。而一旦危机事件爆发，便由其召集各部门相关人员，组建危机管理小组，负责危机处理和善后。这样一来，既能够合理地推进危机管理进程，又对危机管理成员的日常工作不会造成太大的影响。

2. 调查评估危机因子

主要是调查图书馆有哪些潜在危机因子，评估这些危机因子转化为危机事件的频率、概率、影响群体、影响大小等。

调查评估危机因子可以使用两种方法进行：

（1）历史发生法，即本馆曾经发生过哪些危机，造成的影响怎样，是由什么危机因子导致的。

（2）行业对比法，即图书馆行业及相近行业曾发生过哪些危机，影响怎样，危机因子是什么。

当然，除了上述提到的两种方法以外，也可以适当地使用定性方法和定量方法进行，如：头脑风暴法、德尔菲法、危机晴雨表法、现场考察法、数学方法、统计方法、计算机方法等。

总之，能够准确客观地进一步调查评估危机因子，是做好危机反应和恢复预案的重要基础。

3. 建立危机反应和恢复预案

所谓预案，有时也称为应急预案，是针对可能的重大事故（件）或灾害，为保证迅速、有序、有效地开展应急与救援行动，降低事故损失而预先制订的有关计划或方案。

在制订预案前，应对可能爆发的危机进行分类（可参照前面的危机分类方法）、分级（如：突出级、关键级、难以解决级等），然后根据危机特点设立不同的预案。

图书馆反应预案必须明确在危机发生之前和发生之中，谁负责做什么、何时做、怎么做，以及相应的策略和资源准备等。编制格式和方法可以参考国家发布的《国家突发公共事件总体应急预案》。

在恢复预案的编制中，则要明确危机恢复对象，并进行重要性的排序，明确危机恢复目标、资源分配、人员配置、经费预算、奖惩标准等，注重危机恢复中的相关协调沟通。

这里应注意的几个问题是：危机管理预案要富有弹性，对备选方案要排定优先次序，几种危机并发时要优先解决关键危机，将危机预案印成文件或手册发给相关人员并进行有针对性的培训。

4. 开展培训演练

图书馆危机培训的对象既有图书馆高层领导，又有普通馆员、读者。通过培训演练，可以增强人们应对危机的能力，发现危机预案中的不足。

具体来说，可以合理运用的培训方法主要有：在职培训法、工作指导培训法、授课法、案例法、角色扮演法、行为模拟法、电脑化指导、电教培训、演习等。

5. 建立危机预警系统

危机预警系统是指组织为了能尽可能早地发现危机的来临，建立一套能感应危机来临的信号，并判断这些信号与危机之间关系的系统，通过对危机风险源、危机征兆进行不断地监测，从而在各种信号显示危机来临时及时地向组织或个人发出警报，提醒组织或个人对危机采取行动。

危机预警系统由危机监测子系统、危机评估子系统、危机预报子系统构成。图书馆可根据自身特点选择建立电子预警系统、指标预警系统、联合预警系统等。

6. 进行危机预控

如果预警系统发出了预警信号，就应立即进行危机预控。危机预控的目的是在危机发生前或将要发生时对危机进行处理，及时排除全部或部分危机因子。如果不能阻止危机的发生，那么就要采取措施减少危机爆发造成的损失。

（四）图书馆危机事件管理

图书馆危机事件管理，具体是指图书馆危机事件发生时，对危机所进行的有效性管理，它具体包括四个方面：组建危机处理小组、调查评估并确认危机、启动（调整）危机反应预案或重新制订危机处理方案并实施、危机发展态势跟踪监控处理。

1. 组建危机处理小组

由负责危机管理的高层领导根据具体的实际情况，从所需部门调配相关人员，从而组成危机处理小组，明确各自的相关职责、任务，特别要确保危机中信息沟通的顺畅。

2. 调查评估并确认危机

由危机处理小组的成员对危机事件进行初步的调查，运用现场勘察法、询问法、文献调查法进一步弄清危机事件的经过、原因等，评估危机已经造成或将会造成的破坏、损失，确认危机的类型及涉及的范围。

3. 启动（调整）危机反应预案或重新制订危机处理方案并实施

如果危机类型是预案中已有的，那么就需要及时启动或调整预案，如果危机并不在预案范围内，那么必须紧急制订危机处理方案，然后有条不紊地予以实施。

在这个过程中，一定要处理好与内外部公众、媒体、公安、消防、气象、地震、防汛、文教等部门，以及与兄弟图书馆、文化遗产保护组织、国际防灾减灾组织等的关系，以不断加强图书馆的反应能力。

4.危机发展态势跟踪监控处理

有些危机具有持续性的特点，它会随着时间、事件、介入主体的变化而不断进行一定程度的蔓延。所以，这就需要对危机发展态势随时进行相应的跟踪监控，并予以妥善的处理。

（五）图书馆危机后续管理

图书馆危机后续管理，是指危机处于持续阶段或快结束或已经结束时所进行的管理，包括组建危机恢复小组、调整或重新制订危机恢复计划、危机管理评价、危机案例和危机管理评价的存档和运用。

1.组建危机恢复小组

危机恢复是在危机持续阶段或危机将结束或结束后开始的，它所需要的人员、所涉及的机构可能与危机处理不一样，这就需要组建专门的危机恢复小组。危机恢复小组具有临时决策机构的性质，在危机恢复变为各部门的日常工作后就可解散。

2.调整或重新制订危机恢复计划

由于危机造成的具体破坏往往与危机恢复计划有出入，所以，一般需要调整危机恢复计划。如果发生的图书馆危机未在预先制订的恢复计划之列，那就要根据具体情况，重新制订危机恢复计划。

3.危机管理评价

危机管理评价内容包括对危机管理基础工作、日常危机管理、危机事件管理、危机后续管理全方位的评价。评价要做到信息准确、实事求是、客观公正、全面系统。各图书馆应根据自己的实际选择评价方法，如：定性评估法、定量评估法，完善评价指标体系。危机管理评价是图书馆对自身存在问题及危机管理漏洞进行反思的重要阶段，它可以促进图书馆进行深层次变革，确保图书馆的可持续发展。

4.危机案例和危机管理评价的存档和运用

利用危机管理中的记录管理成果，梳理总结危机案例，使之上升成文档，然后与危机管理评价一起存档或存入数据库。这些资料不仅可以为日后的危机管理提供参考，也可作为危机管理培训的素材。同时，图书馆还可将这些危机管理案例和评价与兄弟图书馆分享，以提高共同应对危机的能力。

三、图书馆危机预防、控制、处理与恢复

（一）图书馆危机预防

图书馆作为一种社会文化建制的存在，其生存往往为社会制度所维持。体制的相对稳定性使图书馆各种潜伏的问题容易被忽视，日积月累形成危机隐患。

图书馆应该重视在危机发生前从机制上做好防范工作，在危机的诱因还没有演变成危机之前将其平息。通过以上对图书馆产生危机的原因、主要的危机类型及引发危机因素的分析，我们认为对图书馆危机防范应该从以下三个方面进行：

1. 图书馆危机预警系统的建立

预警系统是图书馆防范危机最有效的工具，作为一种防范机制，它可以保证在第一时间内告知管理层图书馆将要出现的问题和可能发生的危机，使图书馆有时间做好准备，主动应对。

因此，图书馆应从制度上构建一个能够识别危机的信息系统，它能够合理运用科学的方法，预测图书馆内外部不稳定因素的发展趋势，监测其演变过程，并在危机发生前发出警报，从而帮助图书馆制定危机防范措施，最大限度地减少危机的发生或降低危机带来的损失。

2. 加强日常安全管理

在日常工作中防微杜渐，把诱发危机的苗头连根除掉，这是危机管理的最高境界。纵观图书馆的危机事件，许多都是因为在日常的工作中粗心大意、过于自信、疏于防范所造成的。

因此，在图书馆的工作实践中，要防止危机、遏制危机，必须在日常工作中时刻保持对自己所处的内外部环境有通盘的了解和清晰的认识，洞悉可能诱发危机的潜在因素，切实加强日常管理，削减甚至避免危机发生的可能。

3. 普及安全知识和应急常识

开展工作人员和读者培训、演练，通过讲座、图片、宣传片、安全知识与应急手册、图书馆网站等形式对工作人员及读者进行培训，还可邀请消防部门、公安部门、计算机专家等进行培训和现场指导，适时组织员工和读者进行演练，增强广大员工和读者的危机意识，提高他们面对危机的心理承受能力、专业技能和应变能力。一旦危机来临则能全馆统一部署，各部门协同作战，保证各项应急工作高效有序地进行，最大限度地减少危机带来的损失。

（二）图书馆危机的控制

1. 事前做好预防

事前预防是一种常见的图书馆危机管理模式，这种防患于未然的工作在平时的工作当中能够不断提升管理工作者的危机意识。要求图书馆管理人员时刻都保持高度的警惕，只有在日常的工作当中时刻保持着危机警惕性，才能对随时发生的危机进行有效处理，一旦真的遇到危险情况，才不会乱了阵脚。

2. 发生危机时的处理措施

一旦发生危机的时候，急需有关人员在可控的时间范围内做出正确的决定，这就对于工作人员的个人素质要求极高，只有在日常的工作中将一些危机意识储存在脑海当中的工作者才能够具有瞬间想出危机处理对策的本能，遇到危机不要慌张，谨慎地处理，将危机所可能造成的损失降到最低。在可控的时间范围内，将危害尽量降到最小，将危机的影响尽量缩小化。

3. 危机控制后的处理措施

当危机处理过后，有关参与危机处理的相关工作人员应当仔细地去找出自己的不足，看看自己在面对危机的时候是如何处理的，这种处理方式存在哪些不足和缺点等，并将缺点和不足都根据情况进行修复。让处理危机队伍的这个整体在危机当中学会如何处理，最大限度地降低图书馆资料的损毁程度，尽快地让图书馆恢复应有的状态。如果出现危机，危机过后对于问题的分析也是非常重要的，俗话说"吃一堑长一智"，只有不断地在挫折当中吸取经验才能够不断地进步。

（三）图书馆危机的处理与恢复

1. 图书馆危机的处理

图书馆危机发生之前，要做好危机的防控工作，而当危机隐患穿越"封锁线"，爆发为真正的危机时，图书馆首先要做的事情就是必须意识到危机已经发生了，要采取积极的态度正视问题，并积极主动地予以处理，消除危机事件所造成的直接危害，不能试图在心理上和行动上拒绝面对现实，那样不仅会延误处理危机的时机，使图书馆各方面的运作陷于被动局面，而且有可能引发更大的危机，给图书馆带来难以预料的损失。这是由危机的突发性、紧迫性特点所决定的。

危机一旦爆发，危机潜伏期所积蓄的危害性能量就会在很短的时间内被迅速地释放出来，图书馆一方面要面对强大的舆论压力，这包括媒体对危机事件的扩散效应、公众对危机信息了解的迫切愿望等；另一方面，图书馆又必须对危机事件间的传导效应进行及时的遏制，否则危机就会激发一系列的伴生事件，导致更大危机的产生。

因此，在危机发生的第一时间里，图书馆必须以最快的速度成立危机处理机构，调集接受过危机培训的专业人员，配备必要的危机处理设备或工具，以便迅速调查、分析危机产生的原因及其影响程度，了解危机事态的进展情况，进而全面实施危机处理计划。在危机处理过程中，图书馆应该将公众的利益放在首位，更多地关注图书馆用户的处境，而不是考虑如何摆脱危机给图书馆带来的责任，要设身处地地为公众考虑，勇于承担责任，树立诚信负责的社会形象。

2. 图书馆危机的恢复

图书馆危机处理后，危机基本得到控制，但并不意味着危机管理过程已经完结，而是进入到一个新的、重要的管理阶段。由于危机事件总是会给图书馆带来一定的有形和无形的损害和危害，此时危机管理需要：一方面，将图书馆的运作恢复到危机前的状态；另一方面，危机恢复管理是图书馆获得新的发展的前提准备，从而为图书馆新一轮发展提供契机。

因此，要努力做好善后重建工作，最大限度地挽回危机造成的损失和影响。可以采取以下措施：

（1）启动恢复预案或调整恢复预案，进行恢复所需的人、财、物的准备。

（2）求助专业恢复机构，对馆舍、古籍及一般文献、计算机设备及系统进行相应的修复。

（3）重塑图书馆形象。在危机事件平息后，图书馆应该调动一切力量，尽力弥补危机所带来的消极后果和负面的影响，把善后工作踏踏实实地做好、做全，最大限度地挽回因危机而失去的形象和声誉，重新树立图书馆美好的公众形象。

（4）对危机进行调查评估。危机过后，图书馆要对危机影响进行评估，总结危机处理的经验教训，从危机中认识图书馆自身系统的弊端和局限性，从而提高管理的科学性和规范性，并从危机管理中取得多重效果和长期效益。每一场灾害都应该引发对图书馆现有政策和程序的重新审视，以便从中吸取教训，使类似灾害发生的可能性降至最低。

有时，图书馆能够将一场灾害转化为自身的优势。例如，低质量的设施引发的火灾或水灾可以使图书馆获得建设新的更高级建筑的资金；公众的同情心及图书馆与所属机构的通力合作有可能带来对图书馆有利的舆论报道和成功的资金募集活动的开展；而对图书馆现有支持者的培养则可以带来长期的效益。

（5）恢复中警惕危机次生、衍生、再生。在图书馆危机恢复中，要时时关注内部与外部信息，不可麻痹大意，警惕次生危机、衍生危机、再生危机。上述危机管理较多地侧重于对图书馆危机事件的应对和解决，实际上，危机管理应该针对危机的潜伏状况及突发情形开展一系列活动，应该对危机形成、发展及消除过程中所涉及的一切因素进行管控。危机管理是一种系统的管理，图书馆危机管理工作的开展，需要从源头抓起，以尊重科学管理为前提，通过建立专业化、系统化的管理平台，依靠提高图书馆的管理水平为切入点，通过增强图书馆的核心竞争力，从根本上达到预防和应对危机的真正目的。这需要建立一个集战略管理、人力资源管理、公共关系管理、品牌管理、图书馆组织文化管理等于一体的危机管理体系，将图书馆危机管理作为一项系统工程进行建设。反应迅速、调控灵活的图书馆危机管理系统一旦建立和完善起来，我们就能遇变不惊，处之泰然。

第三节　图书馆服务管理

一、图书馆外借和阅览管理

（一）图书馆外借服务管理

1. 图书馆外借服务的概念

关于图书外借服务，实际上是图书馆服务过程中最传统和最基础的一种业务活动。这是图书馆针对自己的服务对象提供的，允许读者可以将馆内藏书和其他类型的文献带出馆外进行使用的一种服务。

读者想要享受到这种外借服务，一般需要符合以下相关的条件：

（1）必须在该图书馆注册，成为该馆正式享有外借服务的读者。

（2）读者必须向图书馆提供一定的担保，这种担保有时是一定数量的金钱，有时是具有某种特定的身份。

（3）必须履行一定的借阅手续，遵守一定的外借规定才能获得图书馆的允许将图书或其他类型文献带出馆外。

读者享受的借阅时间是有限的。

2. 图书馆外借文献的管理方式

目前，图书馆对自己拥有的馆藏图书或其他类型文献资源的管理方式一般包括以下三种模式：

（1）开架式管理方式。这种方式是现在最流行的一种管理方式，读者可以与文献近

距离地接触，仔细挑选自己所需的文献内容。

（2）半开架管理方式。读者可以看到这些文献，但不能直接接触到这些文献，必须办理一定的手续才能使用这些文献。

（3）闭架式管理。读者只能通过检索的方式得到文献的相关信息内容，然后办理手续，才能接触到这些文献。

这几种外借文献的管理方式，目前在图书馆都有被采用。根据文献的具体内容、形式、年代等因素由图书馆灵活予以掌握，在保证读者正常使用的情况下，年代较新、复本量较大的图书一般采用开架和半开架管理，而对一些特种图书可以通过闭架管理进行一定的保护。

3. **图书馆外借文献的服务类型**

对于允许外借的文献，图书馆的外借服务类型通常比较丰富，其中最主要的类型包括：

（1）个人外借。个人外借主要是指读者以个人的身份独立进行的，读者可以凭借本人的图书馆借阅证到图书馆服务台办理相关的借阅手续。

（2）集体或单位组织外借。集体或单位组织外借主要是专为相关企业、行政单位或具有团体性质的服务对象设立的一种文献外借服务方式。一般对这种服务对象的外借要求图书馆可以给予一定的优惠政策，如：数量、时间等给予适当增加或延长。

（3）馆际互借。馆际互借是根据图书馆之间签订的某种合作协议，给予对方服务对象与自己服务对象相同的外借服务，以使更多读者或用户的文献信息需求得到满足。

（4）图书预借。对已经外借的文献，读者可以通过相关的预约手续，保证自己能及时获得该文献的使用权的一种外借服务类型。

（5）流动外借。流动外借主要是一种通过流通站、流动车、送书上门等形式实现读者外借文献的需求，目前这已经是公共图书馆系统中一种最为常用的服务方式。

（二）图书馆阅览服务管理

图书馆阅览服务，在一定程度上又称为内阅服务。具体主要是指图书馆利用自身的文献资源和空间设施提供给读者在馆内阅读的服务活动。阅览服务也是图书馆基本服务工作的重要组成部分，在当今社会的图书馆中，阅览服务与外借服务基本已经融合为一体，外借很多时候是在阅览的基础上进行的，很多图书馆的外借室又是阅览室，目前最流行的图书馆文献管理方式就是藏、借、阅一体化的服务模式，我们也可以称这种服务模式为一站式服务。在这种服务模式中，图书馆彻底采用了"以人为本"的服务理念，读者在阅览过程中不需要通过任何手续就可以自主实现文献的选择，充分享受了自由阅读方式带来的便利。为了能给读者提供更优质的阅览服务，图书馆应在阅览服务过程中，做好以下相应的工作。

1. 提供舒适的阅览环境

读者最常使用的地方就是阅览室，所以，对于多数图书馆来说，其阅览室人群密度都比较大，环境也显得较为拥挤。然而，越是在这种情况下，图书馆越应该改善阅览室的环境。

（1）一定要对阅览室的桌椅精心挑选，尽量选择那些符合人体曲线的设计。

（2）能够保证阅览环境的光线，配备充足的照明设施。

（3）不断加强阅览环境的室内绿化，使读者在疲倦之余能放松休息。

（4）保证室内空气清新、环境整洁。阅览室过多的人会导致空气污浊，因此，在保证阅览环境整洁的基础上，需要不断加强空气流通。

2. 保证阅览时间

图书馆的基础服务就是进行阅览服务，其开放时间的长短是衡量图书馆服务品质的一项重要指标。一般情况，除非工作需要，很多时候读者只有在其空余时间才能够走进图书馆。如果图书馆也同其他社会组织一样实行正常上下班和公休制度，那么有些人可能很难享受到图书馆提供的服务。

因此，目前很多图书馆都在节假日开放，个别公共图书馆还实行24小时开馆、全年无公休日的服务时间。所以，如果能在阅览时间上给读者以最大的保证，将是图书馆服务工作中一项实在的惠民举措。

3. 保证提供文献资源的数量和质量

鉴于阅览室是广大读者最常使用的一个地方，图书馆对阅览室的文献资源安排应从数量和质量上予以确切的保证。

所谓数量，就是指文献资源的种类尽量要齐全，要有一定的复本量，以保证读者的使用。

所谓质量，具体是指文献资源要尽可能丰富，文献的时效性要强。此外，由于阅览室的文献利用率高，破损也是相当严重，所以要注意随时进行修补，并及时淘汰那些无法修补的文献。

4. 提供平等阅读服务的方式

传统的图书馆阅览服务中，图书馆经常会为一些特殊的人群开设专门的阅览区，致使图书馆阅览室一边是人满为患，另一边则是座位空置。这就在很大程度上造成了图书馆阅览服务的不平等性，既然图书馆是一个公益性服务机构，那么每个走进图书馆的读者都应享受到平等的服务。除非是涉及残障人士，对于普通人来讲，每个人都拥有平等阅读的权利。

二、图书馆参考咨询服务管理

参考咨询服务，其实是图书馆工作人员对读者在利用文献和寻求知识、情报方面提供帮助的活动，它以协助检索、解答咨询和专题文献报道等方式向读者提供事实、数据和文献线索。

（一）参考咨询的特点

参考咨询工作在图书馆服务中，可以说是一种深层次的服务。

首先，参考咨询的内容必须具有一定的专业性，它是以图书、情报、信息为基础的具有专业性的服务。

其次，参考咨询的内容应该具有多样性。读者可能向从事参考咨询的工作人员提出各种各样的问题，这些问题涉及范围多样、种类多样、层次多样。

再次，参考咨询工作是一项实用性的工作，用以解决读者在文献获取时遇到的实际困难。

最后，参考咨询是一项智力性工作，它和外借、阅览服务不同，在参考咨询工作过程中，需要工作人员以自己的个人能力和专业能力来保证服务的进行。

（二）参考咨询的作用

图书馆参考咨询工作在图书馆服务工作中起到了一种非常积极的作用。

首先，参考咨询具有使图书馆情报职能得以充分发挥的作用，图书馆情报职能指的就是将无序的文献信息资源整理成有序的、有价值的、有针对性的文献信息，然后将其提供给有需求的读者。参考咨询是一项能很好发挥这项职能的工作。

其次，参考咨询工作能不断地开发馆内的文献信息资源。工作人员在开展参考咨询工作的同时，能将馆内现有的信息资源进行开发，使之成为更加有用的或更方便使用的文献形式。

最后，可以有效地提高文献的利用率。读者或用户通过参考咨询以后，可以更好地了解图书馆的文献信息资源，从而更频繁、更高效地利用这些资源，使它们的使用效率得到提高。

（三）参考咨询的服务内容

1. 图书馆的服务指南工作

参考咨询工作的最基本内容就是对读者和用户的提问进行相应的回答。这些问题中很多是关于图书馆基本情况的问题，如：图书馆的位置、一些部门的联系方式、某些业务的部门归属、图书馆的整体布局等信息。所以，参考咨询工作主要是承担着图书馆的服务指引工作，其工作内容较为琐碎。

2. 图书、期刊等馆藏文献的定位和咨询

在读者对图书馆进行利用的过程中，经常会发生一些诸如找不到图书、期刊这些馆藏资源的情况。其中，有些是读者对于图书馆不熟悉造成的，有些则是其他原因造成的。咨询人员应根据具体情况及时给予读者帮助和解答。

3. 向读者做简单的检索方法介绍和检索工具的使用

对于一些不是十分了解图书馆文献信息资源分类情况的读者，咨询人员在做咨询解答时，有必要对读者进行图书分类介绍。对操作容易的检索工作，也应向其演示具体的使用方法，以培养读者自我服务的能力。

4. 专题性参考咨询工作

对于一些相对而言较专业化的课题或研究项目需要图书馆提供专题服务的，图书馆应根据实际的情况，组织相应的人员配合完成。

5. 读者咨询工作的反馈总结

对于咨询工作中经常遇到或常见性的问题，咨询人员应有计划、有目的地进行总结，有针对性地建立起一个反馈信息表，为以后的咨询工作奠定扎实的基础。

（四）参考咨询的服务方式

第一，有针对性地设立咨询服务台。在图书馆最显眼的位置设立咨询服务台，由专人负责。

第二，建立FAQ（Frequently Asked Questions）标识板。在馆内相应的位置，设立常见问题的回答板，根据反馈信息及时公布回答的结果。

第三，电话咨询。向社会公布图书馆参考咨询的服务电话，在图书馆开馆时间内保证畅通。

第四，网络咨询。利用互联网、QQ、MSN等方式建立相应的网络咨询体系。

三、图书馆文献检索服务管理

文献检索（Information Retrieval）主要有广义和狭义之分，一般而言，广义的文献检索主要是指将信息按一定的方式组织和存储起来，并根据用户的需要找出有关信息的过程。狭义的文献检索则仅指该过程的后半部分，即从信息集中找出所需要信息的过程，相当于人们通常所说的信息查询（Information Search）。图书馆基础服务中的文献检索服务指的就是狭义的文献检索。图书馆开设这种服务的目的是帮助读者节约时间和精力，使他们能方便、快捷地获得所要查找的相关文献信息。

同时，还可以不同程度地为读者或用户提供最新的知识背景，这样能使读者和用户花费最少的时间了解到最多的信息资讯，并可以跨越语言和专业的限制，对其他国家和领域的文献深入了解。

（一）文献检索需要运用的语言

1. 分类语言

所谓的分类语言，实际上主要是指以数字、字母或字母与数字结合作为基本字符，采用字符直接连接并以圆点（或其他符号）作为分隔符的书写法，以基本类目作为基本词汇，以类目的从属关系表达复杂概念的一类检索语言。通常来说，著名的分类法有《国际十进分类法》《美国国会图书馆图书分类法》《国际专利分类表》《中国图书馆图书分类法》等。

2. 主题语言

主题语言，主要是指以自然语言的字符为字符，以名词术语为基本词汇，用一组名词术语作为检索标识的一类检索语言。以主题语言描述和表达信息内容的信息处理方法称为主题法。主题语言又可详细分为标题词、叙词、关键词。

3. 代码语言

代码语言，具体是指对事物的某方面特征，用某种代码系统进行相关的表示和排列事物概念，从而进一步提供检索的检索语言。

4. 自然语言

自然语言，实际上主要是指在文献检索中频繁出现的一种任意词。

（二）文献检索服务工作的步骤

对于文献检索而言，实际上是一项具有非常强的实践性活动，它强烈要求图书馆工作人员在掌握文献检索的具体规律情况下，利用文献检索语言在可获得的馆藏文献和非馆藏文献中迅速、准确地查找读者或用户所需要的文献。一般来说，文献检索主要可分为以下四个步骤：

第一，对于读者或用户查找文献的目的与要求予以明确。

第二，选择适当的检索工具。

第三，对检索途径和方法进行确定。

第四，根据文献线索，查阅相关的原始文献，然后根据具体的要求提供文献检索的最终结果。

（三）文献检索的途径

所谓的文献检索途径，实际上就是通过什么角度开始检索的一个过程，目前经常采用的方式主要有：

著者途径。通过著者、编者、译者、专利权人的姓名或机关团体名称字序进行检索的途径统称为著者途径。

分类途径。以学科分类为基础，从学科所属范围查找文献资料，主要是利用分类目录和分类索引。

主题途径。通过主题目录或索引，对反映一个主题方面的文献进行检索。

引文途径。利用文献所附参考文献或引用文献而编制的索引系统进行检索。

序号途径。通过文献有特定的序号，如：专利号、报告号、合同号、标准号、国际标准书号和刊号等进行检索。

代码途径。利用事物的某种代码编制而成的一种索引，如：分子式索引，可以从特定代码顺序进行检索。

专门项目途径。从文献信息所包含的名词术语、地名、人名、机构名、商品名、生物属名、年代等的特定顺序进行检索，可以解决某些特别的问题。

（四）文献检索服务中常用的方法

1.直接法

通常又称作常用法，具体是指直接利用检索系统（工具）对文献信息进行检索的方法。它具体分为顺查法、倒查法和抽查法。

2. 追溯法

这种方法是指通过不利用一般的检索系统，而是利用文献后面所列的参考文献，逐一追查原文（被引用文献），然后再从这些原文后所列的参考文献目录逐一扩大文献信息范围，一环扣一环地追查下去的方法。它可以像滚雪球一样，依据文献间的引用关系，最终能够获得更好的检索结果。

3. 循环法

循环法又称为分段法或综合法。它是分期交替使用直接法和追溯法，以期取长补短，做到相互配合。

在检索过程中，各种检索方法都要结合在一起合理地使用，以取得更好的、明显的检索效果。

四、图书馆文献传递服务管理

对文献传递服务的相关理解，其实是从早期图书情报机构作为馆际互借的一种手段出现在图书馆服务中的，从某种程度上来说可以是一种较为重要的资源共享方式。简单来讲，文献传递就是把特定的文献从文献源传递给特定用户的一种服务。现代意义的文献传递，主要是以信息技术的发展为基础逐渐慢慢发展起来的，具有简便、快速、高效的特点。

（一）文献传递服务的作用

1. 弥补图书馆的馆藏，解决馆藏资源不足的问题

由于受到各种客观条件的限制，图书馆是不可能完全拥有读者或用户需求的所有文献信息的。而图书馆服务的最终目的，却是最大限度地满足读者或用户的文献需求，文献传递服务就是解决这二者之间矛盾的最好方法。

通过这种简便易行的服务方式，读者或用户很快就能得到自己所需的文献信息资源，在一定程度上保证了文献资源的提供能力。

2. 增加图书馆的收入，缓解图书馆经费的不足

一直以来，资金不足都是图书馆发展过程中的一个巨大瓶颈，虽然国家在一定程度上对图书馆的相关事业投入了极大的金钱，但是分解到每个图书馆的资金却是有限的，所以图书馆如何从服务中获得经济利益也是图书馆发展中注意的问题。而文献传递在图书馆服务中一般都是收费服务的项目，因此，如何合理地利用好文献传递服务的经济性就显得极

为重要。

（二）文献信息传递服务策略

1. 转变传统观念，建立新文献信息传递服务思想

国外文献传递服务对我国图书馆的最大一个启示，就是要勇于冲破来自观念上的束缚，有效提高对文献传递重要性和必要性的深刻认识。图书馆在进行文献信息资源的采集时，在合理利用现有经费扩充馆藏资源的同时，应重新设计其馆藏资源形式，利用文献传递弥补资源的不足。

之所以这么做，是因为文献传递是以最少的投入而获得最大的收益，其提供的文献范围广、品种齐全是任何馆藏都无法与之抗衡的。目前，发达国家基本上都存在地区性和全国性的馆际互借与文献传递系统。而图书馆评价体系也应适当地根据文献传递服务的全面铺开，改变以往的评价标准，将可能使对图书馆的评价由"你拥有多少藏书"向"你提供多少服务"转移，以便更好地促进文献信息传递服务的进一步发展。

2. 加强文献信息传递服务的宣传工作

大力地发展我国图书馆文献传递的服务，需要向文献信息传递服务的需求者进行全面系统的宣传，使读者或用户将未能获得满足的信息需求交给文献信息传递服务工作。而从事信息传递服务工作的图书馆工作人员要及时按用户提供的要求进行检索、传递，力图在最短时间内使读者的具体需求得到满足。

3. 加强与文献出版者的联系

要做到切实执行国家知识产权法律、法规，最大限度地保证文献信息资源创造者的利益，图书馆要逐步与文献出版者保持利益的均衡。在适当的条件下，以各种方法充实馆藏来满足出版者的利益，把知识产权保护渗透到文献信息传递服务中，使知识产权保护与文献信息的正常使用能够有机地结合在一起。

4. 充分利用网络信息快速发展的机遇

适当地将信息传递服务工作推向一个新的高峰。面对电子期刊对文献传递的挑战，不应该回避它带给文献信息传递工作的压力，而是要抓住这样的新技术为文献传递服务，以便为文献信息传递工作提供更方便、更快捷的操作平台，促进图书馆和个别读者间的联系，促进图书馆与图书馆间的联系，最终达到文献资源共享的目的。

第四节　图书馆全面质量管理

一、图书馆全面质量管理的必要性分析

全面质量管理是美国著名统计学家W.爱德华·德明（W.Edwards Deming）在20世纪50年代提出的一种全新的管理理论和方法。全面质量管理理论特别强调管理过程中质量控制的核心地位和决定性作用，强调人对质量控制的支配意义，认为质量既是科学管理的一种要素和措施，也是实施科学管理的一种目的和要求。几十年来，全面质量管理理论风靡全球，走俏于各行各业，对提高各个领域的产品质量和服务质量起到了巨大的推动作用。

图书馆实施全面质量管理，不仅是可行的，而且是必要的。

（一）图书馆实施全面质量管理可提高服务质量

图书馆引进质量管理的思想和方法，对图书馆工作的各个环节采取有效措施进行质量控制，建立质量约束机制，对于树立馆员的质量意识，改善图书馆的服务质量无疑起到积极的作用。

图书馆读者服务工作是需要一个部门的多个人员和多个部门共同配合完成的。质量管理体系不仅对直接与读者打交道的流通、阅览、咨询、检索等环节工作做出详细要求，而且也要对间接为读者服务的部门提出上一环节为下一工序服务的要求。即凡是接续上一部门工作进行再加工的下一部门，就是上一部门的"顾客"，必须替下一部门着想。例如，对采访部门来说，分编部门就是它的"顾客"，而阅览、流通等部门又是分编部门的"顾客"，它使得图书馆每个部门、每个人都明确自己工作的"顾客"是谁，从而保证自己所完成工作的质量不仅达不到质量要求不能流向下道工序，而且一定要使下道工序的"顾客"满意才行，从而提高了整个图书馆的工作质量。

（二）图书馆实施全面质量管理可保证工作质量的稳定

在管理中，应确定本馆的质量方针与目标，应确定各岗位的职责与权限，还应建立质量体系并使其有效运行。质量管理不仅注重人的主导地位，而且注重管理活动各环节质量的测度与调控。质量体系的文件化，增加了图书馆工作的稳定性。图书馆质量管理体系的有效运行，是图书馆为读者提供长期、优质、高效服务的保证。

（三）图书馆实施全面质量管理可促进工作的规范化

引进质量管理方法，建立起本馆的质量体系，可通过确定组织机构与职责、程序文件、岗位工作指导书等，明确各部门、各岗位人员职责与权限，明确各项工作的程序及其控制原则与方法，明确各工作环节之接口的处理方法及各自的责任，明确各个工作岗位的具体工作流程与行为规范，从而增强图书馆工作的个体规范性，提高馆员的工作规范化意识。

（四）图书馆实施全面质量管理可持续改进

传统的管理方法常常以维持现状为重心，而全面质量管理则把重心转向对系统和过程的持续改进。为了改进机构任务中关键的流程，可以持续改进使用一系列特有的方法、工具和测度，以便系统地收集和分析数据。持续改进的要素包括两个方面：一方面是改进哲学，另一方面是一系列问题解决工具和技巧，其中问题解决工具有头脑风暴法、流程图、控制图、因果图等。利用这些图表可以显示出一个机构的工作流程如何，它的基准是什么，变动出现在什么地方，须解决的问题的相对重要程度及所产生的变化是否已达到预期的影响，等等。要进行持续改进，须具备一个简单的前提，即一个结构化的解决问题的过程比一个非结构化的解决问题过程会产生更好的效果。不像传统方法仅仅是以一种不明确的、直觉的方式去做得更好那样，持续改进以量化绩效指标为基础，使图书情报机构能建立起可测度的目标，并监控趋向于这些目标的进程。

二、图书馆全面质量管理包含的要素

所谓图书馆全面质量管理，是指图书馆为保证和提高信息服务质量，动员图书馆的各个部门和全体员工，综合运用管理技术、专业技术、思想教育、经济手段和科学方法，建立健全服务质量保证体系，对服务的全过程实行有效控制，从而经济地开发、生产和提供用户满意的信息产品与信息服务，做到最适质量、最低消耗和最佳服务，最终实现不断提高服务质量的目标。

图书馆全面质量管理包含下列六个要素：

（一）对质量的全面承诺

在全面质量管理中，"全面"一词特别重要，因为图书馆若想实施全面质量管理，首先要做的就是进行全面承诺。图书馆高层管理者必须充分承诺执行全面质量管理工作的原则，并且这一承诺要在整个图书馆中表现出来。美国的质量管理大师威廉·爱德华兹·戴明认为，来自上层管理者的牢固承诺是最重要的步骤。

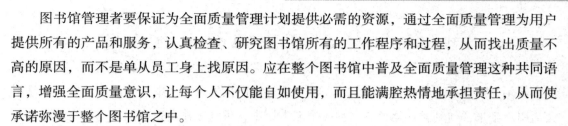

　　图书馆管理者要保证为全面质量管理计划提供必需的资源，通过全面质量管理为用户提供所有的产品和服务，认真检查、研究图书馆所有的工作程序和过程，从而找出质量不高的原因，而不是单从员工身上找原因。应在整个图书馆中普及全面质量管理这种共同语言，增强全面质量意识，让每个人不仅能自如使用，而且能满腔热情地承担责任，从而使承诺弥漫于整个图书馆之中。

　　对全面质量管理的全面承诺还要反映在图书馆的使命、愿景声明、长短期目标中，战略计划也应强化这一承诺。在图书馆开展关于全面质量管理的哲学、期望和利益的有效交流是一项必不可少的程序，图书馆高层管理者在准备的最初阶段就应充分利用这一举措，通过宣传栏、小册子、简报等形式宣传有关全面质量管理的知识，使其遍及图书馆的每一个角落。

（二）以用户为导向的服务

　　全面质量管理认为：一个组织的质量是由顾客满意程度所决定的。当一个组织把为顾客提供满意的服务作为使命时，它自然会在实施全面质量管理中获益。长期以来，图书馆就是社会最好的服务组织之一，图书馆馆员一直把为用户服务作为工作哲学。然而，随着环境的变化、社会的发展及技术上的突破，用户对图书馆的要求也在不断发生着变化，可以说，用户对图书情报服务提出了越来越高的要求，他们渴望从图书馆获得更多样化、更高级的产品和服务。因此，作为以服务为导向的组织，图书馆只有对这种不断变化的需求做出反应，不断改进服务质量，为用户提供满意的服务，才能保持自身的存在和发展。

　　全面质量管理强调对外部顾客（用户）的关注，但也对内部顾客，也就是图书馆工作人员的需求给予同等关注，这也正是全面质量管理优于其他管理方法的特征之一。全面质量管理认为，图书馆工作人员是图书馆最重要的资源，为用户提供满意的服务从根本上说将来自高素质的图书馆工作人员的工作，因此，为他们提供自身发展所需要的机会和条件，是图书馆成功的关键。

　　作为全面质量管理的一部分，图书馆应对其所处的环境有一个整体了解，也就是说，对用户满意水平要进行经常调查，从而了解他们不断变化的需求，并通过各种努力加以满足，也只有这样，图书馆才能繁荣发展。

（三）消除重复工作

　　全面质量管理的主要原则之一是把工作做得更好和为用户提供增值产品和服务。图书情报人员应明白他们的工作是与用户的需求直接相连的，他们应常常自问"我们正在为我们的用户做正确的事情吗？""如果没有，我们如何能改进我们的工作过程呢？""为什么我们要做这项工作，它将对谁有益呢？"等问题，而不是不加思考地一味埋头按固有的方式做固有的工作。

全面质量管理要求图书馆根据用户需求，简化工作过程，使一些不必要的工序被取消，并且保证工作一次性做好，消除返工的可能性。因为修正以前所犯的错误、重做无用工作及不会给产品或服务增值的工作，不但会导致巨大的人力、财力、物力浪费，而且不会给用户带来任何利益。据统计，在一个图书馆中，重复工作所造成的花费相当于整个开支的20%。改进工作流程所必需的技巧之一是进行工作抽样，各种抽样方法对检查现在工作活动中是否存在错误或不合理的地方是很有帮助的。

（四）协同工作

在执行全面质量管理原则时，若没有协同工作的精神是不可能取得进展的。无论是一个部门内的问题，还是各个部门间的问题，都应在团队中加以解决，因为团队更好地显示了"自我指向的工作组"的特点，团队把在一个区域内工作的大多数或所有员工集中起来，去改进各自领域的质量，全面质量管理团队的所有成员将共负责任，从"团队学习"中获益。团队可以由来自图书馆一个部门的人员构成，也可以是跨部门团队。团队工作重心可以集中在图书馆的多个方面，既可以对他们工作的结果进行评估，也可以通过研究如何改进工作方式来改进某项特定服务。

（五）广泛的培训

要实施全面质量管理，广泛的培训是必不可少的。那些实施全面质量管理而没有收效的机构，其失败的一个重要原因就是急功近利，缺乏对工作人员进行适当的培训。一个有效的全面质量管理过程，需要对资源特别是对高强度的培训的承诺。领导培训、图书馆员培训、特定计划培训和部门培训是使全面质量管理过程起飞所必需的人力资源投资的一部分。如果图书馆的领导认为无需任何额外支出就能实施全面质量管理，那么，全面质量管理计划成功的可能性就不大。

当员工接受培训时，他们将会对改进服务对用户的重要性有一个更充分的理解，而这种意识将是以后所进行的全面质量管理活动的基石。培训计划的目标之一应该是发展图书馆工作人员的技巧和能力。此外，培训计划还应鼓励每个图书情报人员的创造力和革新潜能。

适当的培训将为图书馆提供全面质量管理骨干，然后，他们可以再向其他人传授在各自的领域中如何实施全面质量管理的知识和技巧。通过培训来传授如何能适当使用全面质量管理工具和技巧，将给图书馆带来巨大回报。卓越的图书情报服务是一个永恒向前移动的目标，而培训则能够创造框架和结构，帮助指导图书馆追求质量改进。

（六）持续改进

全面质量管理不是一项一蹴而就的工作，它不应仅仅在图书馆陷入困境时才被重视，也不应当被看作是解决图书馆所有问题的万灵药。从某种意义上说，不应把全面质量管理描述成一个"事情的变化"，它应是一种"生活方式"，图书情报服务和知识信息产品质量的持续改进是使用全面质量管理的主要理由。

全面质量管理应被看作是一个长期作为图书馆一部分的管理过程。尽管全面质量管理的实施会遇到各种不同的挫折，如：一些人员对它的抵制、一些人不明白为什么图书馆还要求已过度负荷的人员去承担这一额外的责任、培训将是昂贵的、它将比人们希望看到的演化来得慢、时间将不充足等等，但当全面质量管理得以充分实施时，它将带来对图书馆用户的一个重大改进，整个图书馆工作流程中的有形方面将会得到显著提高。对图书馆来说，更重要的利益之一将是：全面质量管理所创造的文化变化——图书馆工作人员参与评估各种不同的操作、参与决定图书馆的战略方向、作为一个团队发挥作用。服务质量改进只是一个现象，其更深的意义在于它提供了转变图书馆的一些领域、实施以质量为驱动的计划、更多集中在用户和为图书馆提供一股健康的"新鲜空气"的机会。

三、图书馆全面质量管理体系的建立

一个有效运行的体系是一个完整的整体，它通过制定质量方针、质量目标，明确职能，确定权限，互相沟通了解，减少或消除由于职能不清导致的障碍，可系统地考虑资源的投入，减少浪费。所以，我们应该考虑建立图书馆全面质量管理体系。

（一）图书馆全面质量管理体系采用的建立方法

第一，业务流程管理。业务流程管理是指通过对业务流程的分析研究，明确所须完成的任务和在执行任务过程中存在的问题与障碍，通过用户和工作人员通力合作，使供需双方顺利对接。

第二，定标赶超。定标赶超即预先确定一个参照目标（可从单位内外选定），然后把现存的系统同该目标进行对比，找出差距，从而不断加以改进、提高。

第三，再设计。再设计不仅涵盖了流程的改进，而且还在总体高度上对整个流程进行重建。

第四，PDCA循环。即"计划—执行—检查—处理"工作循环，四个阶段周而复始地运转：计划阶段制订质量目标、活动计划、管理目标和实施方案；执行阶段按预定计划要求扎扎实实地去做，以贯彻实现计划、目标；检查阶段对照执行结果和预定目标检查计划；处理阶段实际上就是工作总结阶段。

第五，成立质量控制小组。在实施TQM（Total Quality Management）时，通常成立一个质量控制小组，由图书馆内相关部门的人员参加，同时还聘请用户担任协调员。

第六，应用SERVQUAL[①]方法评价图书馆服务质量。1990年，美国服务市场营销学家依据TQM理论提出了一种称为SERVQUAL的方法。美国图书馆学家对此很感兴趣，他们根据这一方法设计了五个层面，作为用户评价、衡量图书馆服务质量的客观标准。这五个层面分别是：有形设施、可靠性、服务效率、保障及情感移入。每一个层面又分成若干问题，要求用户打分，最终获得用户对图书馆的客观评价，而管理者根据用户的评价制订出战略计划和改进图书馆服务质量的指南。

（二）图书馆全面质量管理体系的建立步骤

步骤一：统一思想。建立全面质量管理体系，实行全面质量管理，首先图书馆的领导要统一思想，让员工明确实行全面质量管理的必要性和可行性，尤其是最高管理者必须认清其作用和目的。其方法是：收集有关全面质量管理的信息，特别是其应用于教育部门、服务部门、非营利组织及图书馆的重要论述；组织访问考察已成功实施全面质量管理的图书馆，获得关于全面质量管理的第一手资料；聘请全面质量管理专家和顾问到图书馆开办讲座，参加有关全面质量管理的会议、研讨会和培训班等。通过这些活动，使图书馆所有人员对全面质量管理的概念、历史背景和它在非营利机构中的应用有比较充分的了解，明确图书馆实施全面质量管理的意义和它在改进图书馆工作质量和服务质量中的作用。

步骤二：组织保证。实施全面质量管理，领导是关键。应成立由馆长即最高管理者为组长、由业务副馆长为副组长、由各中层负责人参加的领导小组，具体负责管理体系建立的组织实施工作。中层干部既是具体指挥者又是实施者，他们的参与是图书馆成功实施全面质量管理的重要基础。

步骤三：员工培训。实施全面质量管理，必须全员参与。这就要求大家不仅要明确图书馆实施全面质量管理的意义和它在改进图书馆工作质量和服务质量中的作用，而且还要掌握实施全面质量管理的技术和方法，如：产生思想和收集信息的工具（头脑风暴法、调查表、访问等）、达成共识的工具（标准评价表、投票等）、分析和显示数据的工具（因果图、直方图、排列图等）和计划行动的工具（流程图等）。这些工具和技巧在分析问题、实施改进和评价结果中是非常有用的。培训可以通过多种途径，如：全体员工大会、板报、快报、办培训班、组织参观等。

步骤四：全面质量管理体系的策划。首先是制定实施全面质量管理体系的目标，即实施全面质量管理后要实现的长期目标和近期目标。制定目标要围绕上级主管部门制订的图书馆在若干年内的发展总体规划，根据上级的规划和要求，制订出合乎实际需要的质量管

---

① SERVQUAL 为英文 Service Quality（服务质量）的缩写。

理计划，再结合本馆的实际情况（图书馆的服务对象、经济状况、馆舍条件等）和上级的要求确定自己的基本任务、近几年的目标及实现上述任务的战略步骤。

步骤五：机构绩效评估。通过用户满意度调查或特定测度指标来反映用户对图书馆提供服务的满意程度，这是进行持续改进的基础。因为只有通过把当前绩效同用户期望进行比较，从中找出差距，查出质量管理上存在的纰漏，才能瞄准改进的方向，设计出新的管理体系，提供高质量服务，达到满足用户需要的目标。

步骤六：全面质量管理体系结构的设计。全面质量管理体系的结构一般是根据全面质量管理的流程即策划—实施—评价来设计，并根据各馆的实际情况和理解，给各个阶段加入不同的内容，根据体系的结构绘出管理体系的模型。

步骤七：组织与实施。在质量管理体系策划和体系结构设计的基础上，应具体落实组织机构、职责权限和分工，通常要制定二图一表，即组织的《行政机构图》和《质量管理体系结构图》及《各职能部门的职能分配表》，明确各个部门的职能。职能分配表具有十分重要的作用，因为它使体系的运行有了组织保证。要调整机构、配备资源，要使职能部门按计划完成自己的任务和目标，就必须赋予其一定的职责和权力，就必将配备一定的人力资源、物资资源、基础设施，营造相应的工作环境。

步骤八：编制文件。实施全面质量管理，必须进行文字记载，以便保持行动的连续性和进行前后效果的比较。记载的内容包括实施全面质量管理的方针政策、保证体系正常运转的规章制度，以及平时会议、讨论和工作的记录。

步骤九：图书馆效率的测量和审计。图书馆开展全面质量管理活动后，必须了解活动开展后工作效率提高的情况和在使读者满意方面达到了何种程度。因此，除了对读者进行必要的调查，以了解读者的需求和对图书馆的满意程度外，还必须运用图书馆统计学知识，从质和量方面对所做工作做出评估。如：统计出图书馆机读数据库被检索的次数，采购部门所采购的各专业图书数量，各专业图书的实际使用量等。将全面质量管理开展前后的统计数据做对比，从而测量出质量管理开展后图书馆工作效率的提高状况，这种测量对图书馆质量管理系统来说是至关重要的。

图书馆效率测量的另一个特殊形式是审计。所谓审计，指的是采用一些专业化的标准对图书馆的工作进行评估并做出结论。图书馆的审计工作通常可由馆内外各方面专家和读者组成的审计小组来进行。

通过读者调查、效率测量和审计，可以对开展全面质量管理时制订的任务计划完成情况进行全面检查，总结经验教训，为下一步开展新一轮的质量管理做准备，从而形成新的质量管理循环。

参考文献

[1] 孙建丽.现代图书馆管理与信息技术应用研究[M].沈阳：万卷出版公司，2022.

[2] 邓润阳.图书馆阅读服务与现代信息管理[M].长春：吉林出版集团股份有限公司，2022.

[3] 李蕾，史蕾.公共图书馆服务与创新管理[M].延吉：延边大学出版社，2022.

[4] 宋菲，张新杰，郭松竹.图书馆资源建设管理与阅读服务研究[M].长春：吉林人民出版社，2021.

[5] 李一男.现代公共图书馆资源建设与服务的多维透视[M].长春：吉林大学出版社有限责任公司，2021.

[6] 韩雨彤，常飞.图书馆信息资源建设发展研究[M].北京：应急管理出版社，2020.

[7] 高华英，刘宝昌.大学图书馆资源开发与应用研究[M].长春：吉林出版集团股份有限公司，2020.

[8] 张钧.图书馆人力资源管理[M].北京：中国商业出版社，2020.

[9] 宋松.公共图书馆信息资源建设研究[M].北京：现代出版社，2019.

[10] 耿绅翔.大学图书馆资源开发与应用[M].长春：吉林出版集团股份有限公司，2019.

[11] 范广秀，高晓东.现代图书馆资源管理研究与探索[M].北京：中国原子能出版社，2019.

[12] 容海萍，赵丽，刘斌.图书馆信息资源建设[M].北京/西安：世界图书出版公司，2019.

[13] 李良艳，陈俊霖，孙杏花.现代图书馆管理理论研究[M].北京：中国商务出版社，2019.

[14] 刘春节.图书馆管理与信息应用[M].昆明：云南科技出版社，2019.

[15] 滕玉蓉，刘皎.图书馆信息资源建设与管理[M].昆明：云南科技出版社，2019.

[16] 刘荻，陈长英，刘勤.现代图书馆资源管理与推广[M].北京：光明日报出版社，2017.

[17] 孔德超.图书馆资源配置研究[M].郑州：河南人民出版社，2017.

[18] 夏春红，于刚，印重.现代图书馆资源管理与推广服务[M].北京：北京理工大学出版社，2017.

[19] 潘丽琼.图书馆信息资源建设与服务创新研究[M].长春：东北师范大学出版社，2017.

[20] 浦绍鑫.现代公共图书馆资源建设与服务[M].北京：光明日报出版社，2016.

[21] 屈宝强.图书馆联盟资源共享绩效评估研究[M].北京：科学技术文献出版社，2015.

[22] 袁琳蓉.大学图书馆特色数字信息资源建设与服务[M].成都：四川民族出版社，2014.

[23] 汪涛，尚丽，张艳利，等.信息时代图书馆文献资源建设理论与实践[M].天津：天津科学技术出版社，2014.

[24] 董素音，王丽敏.图书馆基础资源建设[M].北京：海洋出版社，2013.

[25] 蔡莉静，鄂丽君.现代图书馆特色资源建设[M].北京：海洋出版社，2012.

[26] 杨秀平，瞿学惠，吴春芬.现代图书馆信息资源建设研究[M].北京：中国原子能出版社，2011.

[27] 徐娜，陆桂霞，许雪梅.现代图书馆资源开发与利用[M].哈尔滨：东北林业大学出版社，2009.

[28] 刘贵勤.图书馆人力资源管理[M].合肥：安徽大学出版社，2008.

[29] 沈光亮等.图书馆人力资源管理研究[M].北京：中国戏剧出版社，2006.

[30] 董沛文.党校图书馆信息资源共建共享问题分析[J].文化月刊，2023（01）：98-100.

[31] 陈夏，邵莉娟."互联网+"背景下高校图书馆资源建设与服务创新研究[J].江苏科技信息，2022，39（23）：19-21.

[32] 杨征.智慧图书馆资源服务建设探究[J].四川图书馆学报，2022，250（06）：46-51.

[33] 梁炜，卢章平，王正兴，等.国内外图书馆特色资源研究：脉络、演进与展望[J].图书情报研究，2021，14（02）：89-98.

[34] 董智勇，李戈文，周博雅.高职院校图书馆资源共建共享研究[J].哈尔滨职业技术学院学报，2021，No.156（02）：23-25.

[35] 王宏霞.浅析图书馆信息资源共享途径[J].山西广播电视大学学报，2021，26（02）：72-75.

[36] 叶菲菲.加强图书馆资源建设 推进图书馆转型发展[J].河南图书馆学刊，2020，40（06）：117-118+131.

[37] 顾蓉.高职图书馆项目团队人力资源管理研究[D].南京：南京工业大学，2017.

[38] 孙奇.基于信息构建的图书馆资源发现系统应用研究[D].北京：北京协和医学院，2014.